开车省钱一本通

周传林 编著

天津科技翻译出版公司

图书在版编目(CIP)数据

开车省钱一本通/周传林编著. —天津:天津科技翻译出版公司, 2012.5

ISBN 978-7-5433-3027-6

Ⅰ.①开… Ⅱ.①周… Ⅲ.①汽车—使用—基本知识 Ⅳ.①U471

中国版本图书馆CIP数据核字(2012)第068125号

出　　版:天津科技翻译出版公司
出 版 人:刘 庆
地　　址:天津市南开区白堤路244号
邮政编码:300192
电　　话:022-87894896
传　　真:022-87895650
网　　址:www.tsttpc.com
印　　刷:天津泰宇印务有限公司
发　　行:全国新华书店
版本记录:700×960　16开本　16印张　220千字
2012年5月第1版　2012年5月第1次印刷
定价:19.80元

前 言

随着社会的进步，科技的发展，人们生活水平的不断提高，越来越多的私家车进入了寻常百姓的家庭，有车一族的队伍也越来越大。“千里之行，始于足下”，当我们的交通工具从两个轮子变成四个轮子时，从靠两条大腿做功艰难前行变成用发动机做功自由驰骋时，我们便拥有了一种全新的生活——汽车生活。汽车的出现，不断改变和提升着我们的生活质量：生活半径扩展了，交际活动增多了。我们的社会生活也变得越来越精彩、越来越体面。

俗话说“买车容易，养车难”。汽车在给我们创造幸福感的同时，也制造出了一系列烦恼。不少人买车时眼睛只盯着车价，把车开回家后才发现真正掏空自己钱包的原来并不是购车费，而是一年到头源源不断的各种支出。据测算，一辆私家轿车，在整个寿命期间，后期的花费为购车费用的2倍甚至更多。按现有物价水平，平均每年的花费在1.8~2.5万元。这些费用中：油料费用约占45%，保险费约占24%，维修和护理费用约占15%，停车费、养路费及车船使用税等其他费用约占16%。如果发生意外交通事故需修理，花费就会突破这个额度。如果再加上折旧费，按15年计算，每年的折旧费就还得再加上车价的10%。真可谓是“买得起车，用不起车”。这些费用是广大购车消费者在购车前容易忽视的。在高物价高油价的今天，如何以最低成本养一辆车，是每个车主必然要面对的难题。那么，如何才能既享受汽车生活又可以节省养车的高额费用呢？为此，我们特意为广大车主和准车主编著了这本《开车省钱一本通》。

本书是为广大车主和驾驶人员量身打造的开车省钱手册，其内容涵盖车辆选购、装饰改装、护车有道、节油之路、故障维修、汽车出行、车险办理等各方面，几乎囊括了汽车使用的方方面面。人们常说“吃不穷、穿不穷，算计不到才受穷”。其实养车费用只要花些心思，除了国家硬性规定的税费外，养车的所有环节都有节约的空间。

阅读本书，不仅能快速提升你的用车技巧，而且能教会你如何在享受汽车快乐的同时降低用车支出，让你的养车包袱不再沉重。

编 者

目 录

第一章 车辆选购:省钱从买车开始

第二章 装饰改装:漂亮省钱可兼得

第三章 护车有道:有效养护省大钱

第四章 节油之路:降耗节约有方法

第七章 车险办理:生命财产双保险

第一章　车辆选购

省钱从买车开始

选择一辆适合自己的车如同选择一个适合自己的伴侣，不得不慎之又慎，因为它陪伴我们的时间实在不短，少则3~5年，多则十几年，所以对于目标车的安全性、易用性、经济性和费效比等方面都要进行仔细地分析和比较。重要的是选择适合自己的车型，只买对的，不买贵的，这才是购车省钱的不二法门。否则，那种“情人眼里出西施”的偏执购车行为，则可能会给车主带来无尽的烦恼以及钱财的浪费。

购车之前先思考

买新车，说起来容易，可真做起来，则远不像说的那么简单。至少要先搞清以下4个问题再买车。

1 你要如何使用你的私家车？

汽车制造商推出的每一款车都是为了适应特定市场的消费群体而设计的。为了确保你所选中的那款车能够完全适合你的需要并且使你能够轻松地驾驶它，你就要考虑以下几个方面：

如果主要用于长途奔波或远距离旅行，你必须选择具有足够容量的密闭式行李厢空间的车，以便将你的行囊装进去而非暴露在光天化日之下，承受日晒雨淋。

如果你买车，大部分时间是用来在市内转悠的，那么选一辆轴距较短并带有动力、助力转向的轿车，就能够见缝插针，挤入车位较少的停车场和穿过拥挤的购物中心。比如：长安铃木奥拓，轴距只有2175毫米，是穿街走巷钻胡同的绝好运输工具。

如果你经常在恶劣的路况下驾驶，买一辆全前轮驱动或四轮驱动的越野车或者运动型的多用途车就再合适不过了。如：北京吉普汽车有限公司生产的切诺基BJ2021，该车即是一款运动型多用途车，装有可在行进中变换驱动方式的分动器，其装备和通过性都较好，售价也较低。

2 你能提供多少钱？

在买车之前，还要考虑你能提供多少钱用来买车、养车和使用你的私家车。如果是贷款买车，就要考虑到你的还贷能力。开车的费用主要是指燃油费。据有关部门统计，一辆桑塔纳比一辆夏利一年时间多用1400元油费。此外，私家车的保险费你还要在第二年持续办理，这样一来，在费改税后，你将会发现你的车可能成了油老虎。

汽车的耗油量与发动机的质量、排量及燃油供给的方式有直接关系。排量与油耗成正比关系，一般私家车的排量应保持在1.0~2.0升比较适宜。有些10万元以下的经济型轿车，排量在1.0~1.3升，这些轿车每百公里油耗为6升左右，以平均每天行驶30公里计算，一天的油耗也不过2升左右，花费为一天十几元。关于油耗参数，有些用户认为汽车制造厂提供的参数总是偏低。这个问题不难解释。开车人的驾驶技术水平不同，导致油耗有高低。此外，不同的路面、路况，换挡时机与起步次数都会导致油耗的不一。不管怎样，在相同款式的汽车中选购带电喷装置的名牌发动机，不但耐用而且省油，尽管车价会贵一些，但节约下来的燃油费，积少成多，也是可观的。

3 你真正需要的动力是多少？

在购买被国外称之为“油老虎”的大马力车之前，私家车主最好先好好问问自己：“我常多拉重载吗？常爬陡坡吗？我常跑高速公路吗？”如果回答“是”，买大发动机的车对你来说就合适。但如果回答“不是”，而且你通常开车车速都是在每小时100公里左右或者更低，那就为自己省点钱，买辆四缸机的车，如：富康、桑塔纳、捷达等车，或者干脆就买辆奥拓汽车。

4 你能等到最佳的售车时机吗？

以往大多数新车都是在9月份前后上市。但随着竞争日趋白热化，商家整年都有新车上市。即便如此，购买新车时，时机的选择仍然是一个主要因素。商家打折的时间一般是在月底、季度末和年底，因为每到这时销售人员就要设法完成他们的定额。因此，只要耐心等待，一定会有最低价格的购买机会被你抓到手。

省钱指数：	★★★★
实用指数：	★★★★★

养车费用不能忘

过去众多购车消费者都将重点放在购前成本上，而忽视了作为大头的养车费用问题。所谓“养车费”，就是每年使用车辆所需消耗的各种开支。这笔开支不是个小数目，如果心中没数，一时冲动就将车买回家，那不久后它可能就会让你捉襟见肘。所以，购车前一定要将养车费考虑在内。养车费用可粗分为固定费用和变动费用两部分。

1 固定费用

养车的固定费用，是指购车及登记落户之后，每年都要固定支出的费用。这其中主要包含了养路费、车船使用税、保险费、年检费等费用。一辆10多万的家庭轿车，每年的固定费用约要5000元。

2 变动费用

相对于固定费用，变动费用则较多，而且随各车的车况、使用频率以及保养条件等不同而有所调整，甚至差异较大。主要的变动费用有：

燃油费：所占的比例较大，以100公里油耗为10升的中档轿车为例，假定每年平均行驶里程为20000公里，按每升汽油价为8.00元计算，则一年所需的燃油费约为16000元。如果以实施燃油税后计算，油价还要升高50%左右，则燃油费将增加8000元，不过实施燃油税后已不用缴纳1000多元的养路费了。

维修保养费：一笔不小的开支。一般来说，轿车每行驶几千公里就要保养1次，每年汽车则至少要保养2~4次，这需花费500~1000元。而各种易损件以及每年须定期更换1~2次的零件，汽车所用电池一般每2年也要换1次，平均每年要花费200~300元。此外，还有轮胎、刹车片、各种电器件的耗件，以及机油、齿轮油、刹车油等开销，平均一年也要1000~2000元。在此值得一提的是，虽然在新车购回的前两三年内，汽车大、中修的机会不多，但在汽车十多年的使用时间里，汽车大修总是在所难免的。

停车费：在大中城市中，停车费也是一笔不小的开支。如果按每月300~1000元计算，一年也要花费3600~12000元。

其他费用：这部分费用主要包括路桥费、违反交通规则所交的罚款以及有可能出现的车辆碰伤损坏等意外开支，这是一个不确定的数目。

省钱指数：	★★★
实用指数：	★★★★★

买车需要衡量性价比

性价比是消费者在购车时必须考虑的重要指标，它是消费者对价位相当的不同品牌之间的汽车性能、配置、外形等因素和售价的综合评价。

评判汽车的性价比，可以从多个方面展开。首先要看汽车的性能配置，一般来说主要对以下几个方面进行比较。

1 发动机

多气门结构行驶的发动机属于新型的发动机，而两气门的发动机则属于传统的老式发动机，在性能上，完全属于两个档次。

2 尾气的排放标准

以几款车进行比较，如果有欧Ⅱ排放的、欧Ⅲ排放的、欧Ⅳ排放的，则应选择欧Ⅳ排放的。特别是在欧Ⅱ与欧Ⅲ之间，要毫不犹豫地选择欧Ⅲ排放的车辆。

3 发动机的排量

如果车的其他条件相同，一款是1.6排量，一款是1.8排量，建议你选择1.8排量的。在油耗的问题上，如果操控得好，两者相差无几，但是在提速、走山路或丘陵时，1.6排量却不能与1.8排量的车相比。

4 主动安全配置

汽车的主动安全配置，最好是ABS和EBD都有，如果没有EBD，那至少也要配有ABS。

5 被动安全配置

与主动安全配置一样，当然是越多越好。如：有的车没有安全气囊；有的车是配有单安全气囊；有的配有双安全气囊；有的则既有双气囊又有侧气帘。这时，当然选择双气囊加侧气帘的。

6 悬挂装置

因为独立悬挂结构比非独立悬挂结构的车有更佳的乘坐舒适度。因而,应当选择前后车桥都是独立悬挂结构的车。

7 轴距的长度

因为轴距的长短关系到车辆行驶的稳定性,一般情况下应当选择长轴距的车。

8 制动碟的个数

因为碟制动结构在通风散热、制动的灵敏度及制动效果等方面比鼓制动强,所以尽量避免选鼓制动结构。

9 0~100米的加速时间

0~100米的加速时间是衡量车辆性能的一项重要的指标,如果两车的排量及排挡的形式相同,加速时间短的车的性能就好些。

以上是一辆汽车的本质内容,在比较完这些内容之后,对车辆的造型进行选择才是科学的。至于什么造型最好,很难有一个统一标准,每个人的眼光不同,选择适合你的性格和审美情趣的车就好。一般来讲,公务员和年龄稍大的朋友适合选稳重大气的造型;青年朋友则可以选择时尚活泼的造型。在性价比问题上,新手多注意价格,不研究价值。事实上,服务的方便性以及使用和维修成本的大小,也是汽车性价比的重要组成部分。买车只是用车的开始,明智的做法是在购车时就考虑到车子的售后服务是否便利及可能产生的用车成本。

最后是考虑汽车残值。汽车残值,简单说就是在经过一段时间使用之后的汽车剩余价值。同样价格的车辆,在使用同样的年份以后,在市场上可以出售的价格越高当然也就越好。

省钱指数:	★★★★
实用指数:	★★★★

紧跟政策，顺利买车

要想顺利地购买到一辆称心如意的爱车，单单了解车本身是不够的，还要对一些政策性的知识有所了解。

1 买车贷款的学问

现在，许多汽车厂商为了促销以及提高市场占有率，除了降价外，还制订了多种付款方式，如分期付款，零首付、零利息分期付款以及以租代售等多种灵活机动的销售方案。究竟要选择一种什么样的付款方式？购买者要考虑自己的资金状况、收入水平、收入的稳定性以及近期是否会有大额款项支出等诸多因素。如果你的储备资金较为充裕，那么一次性付款当然是首选，这样不仅可以获得“砍价”的资格，也省去了日后还款的麻烦。但如果你的资金有限，或者需要挪为他用，那么分期付款则较为合适。

2 教你顺利提车

在办完购车手续后，购买者应按经营单位的通知在规定的时间内到指定仓库提车，如果需代办发运也可委托经营单位办理，但运费由购买者负担。购买者在提取新车时应注意以下几点：

(1)检查车况是否良好，外观是否完好无损。

(2)检查随车附件是否齐全完好。

(3)检查随车资料是否齐全，如进口车应包括进口商检证、说明书、货检书等；国产车应包括出厂证、货检证、说明书等。

(4)现在的售车单位多数都实行“一条龙”服务。因此，用户在提车时务必要查看办理牌照、保险等所需手续是否齐全、可信。

(5)在所有检查都正常的情况下，用户也可根据需要提出其他附加服务。

3 办理过户三步走

已经在外省市办理完转出登记的车辆，应在自办完转出登记之日起的90日内,申请转入登记。办理转入登记的车辆必须符合当地环保的相关规定。办理转入登记时,机动车所有人应按以下规定和程序进行：

按以下规定和地点申请转入登记:进口机动车以及上海别克、长春奥迪A6L、广州本田、上海帕萨特、海南马自达等系列的机动车,以及公安用车、出租车、教练车、小公共汽车、特种车、使馆车、外籍车辆应到车管总所办理。其他车辆到所有人住所地址所属的车管分所办理。

提交下述材料并交验车辆:填写《机动车过户、转出、转入登记申请表》,提供车辆所有人和代理人的身份证明,车辆的来历证明。若属于交易的车辆须有当地旧机动车交易市场出具的交易发票;若属于车辆所有人户口迁入的,应具备车辆所有人户口迁入本地的身份证明或相关文件;车辆识别代号、发动机号拓印模;原车辆档案。车管所审核以上手续符合规定后，对车辆进行检验,并对检验合格的车辆出具《申办交通管理事项警务回执单》。

持《回执单》在3个工作日内到指定的车管所领取车辆号牌:提交车管所委托单位拍摄的车辆标准照片,领取《机动车行驶证》和《机动车登记证书》。

需要提醒的是,这之前还需办理转出手续,而且驾驶证也要办理转出和转入手续。

省钱指数:	★★★★
实用指数:	★★★★★

把握“三用”的原则

不少人购车还会因为顾及面子问题而多花钱。明明花几万元买一辆经济型轿车就完全够用了,但怕在朋友面前抬不起头来,硬是花了十几万买了辆中档车;

明明买一辆国产的中档车就够用了，为了在生意场上和社交中的面子，硬是花了几十万元买了辆进口车。事实上，同档次的国产车与进口车相比，价格相差动辄翻倍，其实两者不仅性能相差无几，且在使用实惠上，国产车比进口车则更有优势。因此有关专家建议，选择汽车时应该把握够用、实用、好用的“三用”原则。

1 在用途上够用

“够用”的意思就是要明确你购车的主要目的及用途，然后确定将要购买的汽车能否满足你购车的用途。如购车目的主要是为了上下班出行；满足商务用访问；为了满足自己的驾驶乐趣以及周末郊游等，根据自己的需求和用途就可以基本确定准备购买的车型、配置、价位了。如只用于上下班出行用，而且个人对车辆也没太高要求，那么可以买一部中档配置、性能较好的经济型轿车；如果是一位喜爱运动，喜欢旅游的人，那么可以考虑选择一部性能好的多功能车。

2 以实用为基础

准备购买的车型，其综合配置是否能满足驾驶和用车要求，以及各项功能是否实用是选择的重要因素。现在的汽车配置和功能比较多，容易让人们挑花眼，但购买时要注意车辆的配置和功能是否对驾车安全性、舒适性、经济性等有益。如想购买一辆大部分时间用于城市出行用的经济型轿车，那么对于这种用途的车首先在配置选择上就可以要求稍低一些，像内饰中的真皮座椅、电动车窗等就可以不做要求。

另外，由于主要用于城市，所以在车辆动力性能方面也可以不做太高要求，尤其是加速性能。但要重视燃油经济性、操纵性、舒适性。如想买一辆能满足户外运动，如用于周末郊游甚至出外旅游的车，那么就要着重考虑车辆的动力性能、操纵性、通过性以及安全性。此外，车辆的乘坐空间和行李空间也是重要考虑因素。

3 好用才会省心

选定的车型，在驾驶、操纵、制动以及车内一切电气设备上，都应功能齐全、方便操作、保证质量。不管选择了什么品牌、什么型号的汽车，都应视线良好、操纵灵活、驾驶轻松；而且车内具有的仪表指示、灯光照明、空调系统以及音响等电气设备也应功能齐全，方便驾驶员操作控制。除此之外，“好用”还应包括在使用中如遇到各种问题时，厂家可否提供良好的售后服务，使顾客没有后顾之忧。其实任何一辆汽车经过使用后，都避免不了会出现或大或小的问题，这是可以理解的，但如果厂家的售后服务周到，能够真正解决购车人遇到的各种问题，让人满意，那么这部车就算是“好用”。

“够用”、“实用”、“好用”三者看似互相独立，实则联系密切。不管选择何种品牌何种档次的汽车都应该先考虑购买汽车的用途和目的，同时根据购车者的支付能力，选择能满足最低使用要求的待选车型，然后再判断其性能、配置中哪些更实用些，更益于驾驶、保障安全、具备经济性。因此最好通过试驾来体验。

省钱指数：	★★★★★
实用指数：	★★★★★

国产车优势明显

面对五花八门的进口车、国产车，人们往往拿不定主意，“到底选择哪一款为好”，这是许多购车人必然有的困惑。在购买国产车还是进口车的问题上，很多人犹豫不定，甚至寄希望于关税降低后再选购进口车。我国的汽车工业经过多年的改革、引进、提高、发展，生产的各类型家用轿车的质量都与进口车相差无几，某些性能甚至优于进口车。虽然从整体上来说进口车还优于国产车，但买车要从使用、修理、养护的角度看，国产车的优势明显要高于进口车。

1 国产车具有价格的优势

同一排量的轿车，进口车的价格往往是国产车的1~2倍，名车的价格有的是国产车的十几倍。

2 国产车配件价格低，供应充足

性价比对购车来说是一次性的，而日常使用、修理、保养的费用却是终身的。

进口车的零配件与整车价格是成正比的，车价高，其零配件的价格自然就高，其价格大致是国产车零配件的3~4倍。以汽油滤芯这个需经常更换的消耗品为例，红旗轿车是58元/个，普通桑塔纳只要8元，而进口车动不动就要百元以上。此外，发达国家的消费观与我们不同，车辆更新换代迅速，一旦车型淘汰，其零配件也停止生产。

3 国产车特约维修点多，售后服务周到

车辆的售后服务如何，是买车前必须考虑的一个问题。目前我国主要的轿车生产厂家都提供完美的售后服务，并将此作为开拓市场的重要依据。尤其是我国已推出的汽车“召回制”，更为消费者提供了称心的服务环境。国外一些厂家在我国各城市中只有为数不多的特约维修点，且材料、工时费用昂贵，一旦涉及质量投诉、索赔更是麻烦，往往要花很长时间解决。

4 国产车更适合我国的道路状况

由于国产车的设计大都综合考虑了我国的道路状况、顾客的体型、驾驶习惯等特点，在一些配置上更适合国人的要求。如底盘较进口车高几厘米，挡风玻璃则有一定下移，减震器的刚性较强等，其对于道路的适应性优于进口车。进口车是依据发达国家的道路及人体体型而设计的，一些配置专用于照顾欧美人的需求。有人曾在一段“搓板路”上体验驾乘感觉，明显觉得国产车更稳当。许多驾驶过进口车的司机反映，进口车功能较多，外表豪华，但在实际使用中，还是国产车更适于国人。

5 国产车的其他优点

国产车还具有易于排除故障、保险费率及相关费用低、上牌手续简单等优势。有能力购车的人，大多是“中产阶级”，经济状况并不十分富裕，在选购轿车的问题上，要量力而行，以实惠、实用为主。

6 购进口车有一定风险

由于经济全球化进程加快，同一品牌产品可在多地生产；又由于设备、规格、

工艺管理水平不同,产地不同的车辆存在严重的质量差异,它们的价格也相差悬殊。究竟是不是原产地进口车,局外人难以知道。此外,不容忽视的是进口车也存在着一定的安全隐患。不少人为逃避高关税,将进口整车拆成零件,入境后再组装成整车,可能应焊三四个点的地方组装时只焊一两个点,这必然大大地降低了车的质量、性能和安全系数。

省钱指数:	★★★★★
实用指数:	★★★★

售后服务好,省心又省钱

新车购回以后,其性能巅峰时期大约只持续两三年,之后随着使用时间的延长,其折旧率会逐年增加,车内的零部件也会面临修理、更换的问题。这时,汽车的售后服务就显得很重要了。因此,在购买汽车时,除了考虑所购汽车的外形、价格和使用性能外,还要把厂家所能提供的售后服务也考虑进去,这样才会使你的汽车用起来得心应手,减少不必要的烦恼。

1 所购车型的售后保修服务网点要多

一般来说,厂家在各地都建有自己的特约维修站,这些服务网点可提供较专业的维修技术以及更换原厂的零部件,各种费用也相对固定和公道。虽然各厂家的售后服务网点的多少并不一定代表它的服务质量的好坏,但却实实在在地关系到购车后汽车的维修保养的方便性,这是在购车时必须要考虑的问题。

2 了解厂家所能提供的真实的保修服务项目

各厂家为了防止车辆因品质问题而发生故障,对售出的汽车都会提供相关的售后保修服务,即在一定时期或一定行驶里程内对汽车许诺保修条款,这些条款购车者一定要了解清楚。由于各项服务内容可能因厂家或车型而有所不同,因此在购车前要多加比较,不妨货比三家,选择对自己最有利的厂家。

③ 了解保修内容的盲点

由于厂家所提供的保修内容也存在着不少盲点，就成了最容易被购车者忽略和引起纠纷的地方，如厂家对应提供的时间范围或里程数限制较多，均是指先到达的一项为保修期等等。另外，还要注意汽车的保修条件，如消耗性材料以及非正常状态驾驶下所造成的损坏，都不属于保修范围之内，这是必须要明白的一点。

④ 了解厂家的实际售后服务质量

购车时厂家总是会强调能提供种种的优质服务，但个别厂家的实际售后服务并没有其所承诺的那样好。因此，买车的时候要多向旁人打听厂家的真实服务情况，如果刚好有朋友正在使用你要购买的那种车型，那么向其了解该车型厂家的售后服务是最好不过的了。当然，如有可能，也可直接到厂家的特约维修服务中心参观了解，感受其真实的服务水平。另外，平时从各种媒体的有关报道中，也可得到一些有益的信息，这样就能了解哪个品牌的车的服务较负责、周到。

省钱指数：	★★★★★
实用指数：	★★★★

买车还要考虑保值率

购买爱车，千万不能只图便宜，保值率有时比新车的价格高低更为重要。汽车保值率就是指新车在使用一段时期后，将其卖出的价格与先前购买价格的比值。

保值率还是一个较新鲜的概念。很早就有人在买车前考虑到哪种车型在今后出手时能让自己的损失减少些，这就是保值观念的产生。可以说，现在已经有越来越多的人考虑保值的问题了。

保值率的高低取决于汽车的性能、价格变动幅度、可靠性、配件价格及维修便捷程度等多项因素，是汽车综合水平的体现。保值率高的车型其价格受降价风潮的影响不大，可以使消费者承受较小的因产品贬值而造成的经济损失。

目前影响保值率的关键是市场保有率和维修配件价格。所购买的车型的市场保有量大、配件价格低，它的保值率就高；市场保有量小、配件价格高的保值率就低。那么，面对五花八门的汽车品牌，购车者如何分辨一部车的保值率量低还是高呢？下面是有关专家针对此提出的几个要点：

1 关注新车价格趋势

目前，许多新车的上市时间都相对较短，这些车型的二手车市场还没有完整的形成，受新车价格波动的影响较大。所以无论是买新车还是挑二手车都要注意收集市场行情，关注新车价格趋势和保值率。

2 把握新车型最佳购买时机

新车型下线后一年左右，是购买的较好时机。因为一般车辆销售到这个阶段，价格中的水分已经挤掉不少。同时，汽车生产线经过一年的磨合也确保了车辆品质。

3 买成熟企业的降价车

尽量不选择近期还未降价、销量平平的车型。相对而言，已经大幅降价的车型，购车后迅速贬值的可能性就低一些。另外，首次购车应尽可能购买国内成熟企业的产品，因为该产品短期内不太可能停产，这类汽车由于售后服务网络健全，保有量大，车辆保值率相对较高，三五年内出售会有个好价钱。

4 尽量不选豪华型车

基本型或者舒适型的车与豪华型相比，它们的降价空间会小不少。所以最好选择基本型或者舒适型的车为宜。

5 要买使用成本最低的车型

买车前需要考虑车辆今后的使用成本。使用成本也是不可忽视的花费，尤其是燃油及零配件费用等，这些是衡量车辆保值率的重要因素。

6 拿不准时的选择

保值性具有一定的滞后性，今天二手车市场里的热点车，往往也是三年前新车市场的畅销车。所以在拿不准哪款新车最保值的时候，那就购买其中销量最大的车型。

总之，随着汽车市场的逐渐成熟，人们的换车频率正在加快，一辆车开十多年直到报废的“从一而终”的传统消费方式已经有了明显的改变。不少车主的新车用了三五年，甚至更短的时间后，就会因为个人喜好、急需用钱等原因将车卖掉。消费者在购新车前应先参考以上意见，以免将来难以出售。

省钱指数：	★★★★
实用指数：	★★★★★

买车切记“冲动是魔鬼”

虽然有很多人是做足了选车的准备去买车的，可更多人的购车决定则是在走进4S店后做出的。购车者很容易被一时的冲动所支配，冲动消费是很多人都无法避免的行为。对于购买汽车来说，冲动消费却是非常不理智的。俗话说：“买的不如卖的精”，生产商和销售商为了获取利润，会想方设法地营造噱头。尽管购车者做足了准备功课，但面对专业的销售商，如果不能冷静地考虑和分析，将会付出不小的代价。因此，在购车前，先要了解以下相关知识，防止冲动消费。

1 卖方比你更专业

卖方是销售专业人士，而我们只是购车的业余人士。卖方的工作就是销售，这是他们日复一日研究、思考且集思广益的工作。相反，多数购车者并不是车辆专家。卖方拥有大量的“商业计谋”，而我们对汽车的知识却是有限、不全面的。我们或许了解到一些防止被欺骗的技巧，但销售人员也有他们的一套，可谓是“道高一尺，魔高一丈”。

2 卖方的营销噱头

大部分4S店铺都会充分运用营销策略来增加利润，其营销策略往往天衣无缝，大部分购车者不知道他们被“诱导”了，而成为“被宰的羔羊”。例如：销售商会采用降价宣传的方式来营造诱惑；或在车主购车时搭售高档饰品与装修；又或者营造饥饿销售态势引发抢购等。这些只是卖方用来引诱购车者的花哨。随着竞争越来越激烈，卖方会越来越善于控制购车者的情绪，使利润不断增长。

3 耐心也能省钱

目前，新车上市的速度越来越快，其价格降价得很快，汽车刚刚上市时价格一般比较坚挺，但半年后多数会有松动。

在汽车频频降价的总趋势下，耐心也是金钱。要知道，根据人力成本分析，只有当国内车价比国际车价平均水平低5%左右时，国内车价才会最终趋于稳定。现在不少购车者在新车上市时就迫不及待地出手，结果是出手越快，亏得就越多。因此，购车者要有足够的耐心，时刻关注汽车价格的走向。只有在车型成熟、价格稳定、降价不那么频繁的时候，才是买车比较合适的时机，这样才能买到相对低价的车。

4 性能要重于面子

由于多数国人购车的消费心理尚不够成熟，比较在意汽车表面的装饰是否豪华，例如很多人将有多少气囊、DVD音响、是否有桃木装饰作为购买车辆的参考因素，而忽视对关键部分的识别与挑选。但汽车不同于其他商品，外观仅是其综合性能中的一项基本内容。决定汽车性能、使用成本和寿命的关键还在于车身结构、发动机、变速器、悬架等关键部分的配置。

省钱指数：	★★★★
实用指数：	★★★★

购车良机把握准

现在的汽车市场，几乎每周都有新车下线，降价战也一直没停过，这让许多购车者茫然失措：新车太多，到底该买什么？降价不断，何时买车才不亏呢？

1 年底购车价最低

依照往年的惯例，年底是汽车厂家达成销售的最后机会，比起“金九银十”的售车旺季来说，这个时期各个车型的优惠幅度是最大的。为了完成销售数量，“清空”库存，达到拿厂家销售返点的目的，经销商多与厂家联合降价或单独降价。因此，这时的车价是全年最低的，随车赠送的礼品也可能是全年最丰厚的。所以，这时出手买车最为划算。

每年年初的1月是新一年的开始，汽车厂商一般不会降价。可见，1月份是全年车价的最高点，而12月份则是全年车价的最低点。但要在12月份购车最好待过了元旦后再上牌照，因为二手车残值是以自然年份计算，尽管仅有几天时间，也要按整年计算，因此，年初上牌对计算残值有利。

2 金九银十购车优惠较大

“金九”是指8月底至9月初的时段。按照国人消费的习惯，6~8月的汽车销量往往相对较低，不少经销商达不到当月厂家制定的目标，不能拿到厂家给予经销商的月度返点和季度返点佣金。不少厂家制订了9月份的促销计划，经销商会提前进行促销活动，力求抢先冲量。一般来说，8月底车价就将会有明显优惠，进而拉动销量。购车者可利用这个经销商冲量的机会，选择自己心仪的目标车型。

“银十” 是指10月的时段。汽车厂商对9~10月传统的销售旺季寄予很高的期望。他们希望这个时期的车市能为第四季度的冲刺增加销售数量，为顺利完成厂家年终返点考核打好基础。因此，众多汽车经销商不得不赶在销量统计截止前(10月31日)加紧促销，于是各种促销活动此起彼伏。因此，10月末购车的特殊意义也就由此而凸显出来了。

3 大幅降价之后出手

由于车市竞争压力越来越大，有的厂家不愿意让出利润，但迫于压力又不得不摆出姿态，象征性地下降几千元钱。此时消费者不应冲动，应持续观望。因为，该车型很可能会二次降价。当一款车型大幅度降价超过1万元甚至2万元时，消费者就可以考虑出手了，因为厂家在短期之内一般不会再降价了。

4 畅销车下线之前

现在，消费者对车的要求越来越高，汽车业的跨国巨头们不得不把一些国际上的当家车型拿到中国来生产，这些车型的上市价格也低于人们预期，所以上市后一年之内是不会降价的。这些新车型一上市甚至会引发排队购买的热潮，如果动作慢，说不定反而要付出更多的金额才能买到。有一个方法可使消费者按出厂价买到新车，即得知新车将下线的消息之后，马上到专卖店提前订车，这样无需加价就能按时购到最畅销的车了。

5 新车型上市时旧款车更便宜

为给已上市或即将上市的新车型让路，“退陈推新”是大多数厂商的必然之选。为了适应新车的销售并挪出流动资金，厂商多采取降价优惠措施来清空库存，此时对于心仪老车型的购车者来说，是最实惠的时候。另外，当某种畅销车型出现具有竞争力的新车型时，为保持其市场占有率，这种畅销车型也会提高优惠幅度。

这些只是关于买车如何把握时机省钱的基本常识，具体还要看车市的走势情况，所以在买车之前，消费者一定要先做足功课，对各种信息了如指掌。

省钱指数：	★★★★★
实用指数：	★★★★★

购车途径须可靠

想买车，打算上哪里买呢？汽车交易市场？还是专卖店？目前并存于市场的这两大销售体系，可以说各有各的特点，也各有各的消费群。

1 汽车交易市场

汽车交易市场作为一种已经存在多年的汽车销售模式，有其得天独厚的优势。首先，汽车交易市场的营业面积非常大，销售的品牌相当齐全，几乎囊括了人们所知道的所有车型。对还没有确定要买什么车的消费者来说，在汽车交易市场里逛一逛，比一比，心里基本就有谱了。其次，经过这些年的发展，汽车交易市场的配套设施已很完善。各种手续的办理在市场里就可以完成，而专卖店还需要到处奔波。买车后的一些附属装置，比如装饰配件等，在市场内也可以一次性购置齐全，而免于奔波劳累。

2 汽车专卖店

目前很多汽车厂家都建立了自己的汽车专卖店，因此到汽车专卖店购车是最可靠的途径之一。所谓汽车专卖店，就是指专门销售某一种品牌汽车的场所。这种场所一般由室内展示厅与室外展销场两部分组成。室内展示厅按厂家要求进行形象设计，装潢考究；室外展销场展出的汽车品种齐全，数量众多。

汽车专卖店都是由汽车生产厂家与实力雄厚、具有较强经销能力的汽车经销商联合开设的，能够为用户提供覆盖售前、售中、售后各环节的多层次、全方位、系列化的服务，因而深受广大消费者的欢迎。目前，基本上所有的汽车专卖店都提供“四位一体”的服务。这种四位一体的汽车经销体制，有机地把生产厂家、经销商以及用户紧密地连接在一起，并不仅仅是以促销为单一目的，而是经过缜密思考，预见性地将市场细分，使生产销售、配件维修、技术咨询、美容救护、建议收集以及生产改进等组成一个良性的循环圈。在这个循环圈中，各环节都是围绕着汽车消费者服务，汽车消费者是真正的“上帝”，生产厂家则能在日益激烈的竞争中脱颖而出，而经销商也能在汽车市场中通过竞争而生存、发展。

专卖店是以“情”为纽带，容易与购车族建立长期的合作关系。据说，有不少在专卖店购买汽车的朋友，在购车以后，还经常打电话来咨询汽车使用中的一些问题，有的甚至与店内的工作人员成为好朋友。这种专卖店的以“情”为纽带，以车为“媒”的销售形式，增进了汽车买卖双方的相互信任。此外，某些品牌的汽车专卖店，还成立了相应的汽车俱乐部，这些俱乐部所承担的售后技术咨询、维修、配件供应等都有汽车生产厂家直接参与，从而增加了车主与汽车厂家的联系，让用户买得放心，用得称心，真正体现了厂家所说的“一经握手，终生为友”的服务宗旨。

总之，买车要花掉不少的积蓄，不管是到专卖店还是大型汽车交易市场购车，都要从正规渠道购车，选好商家。建议选择当地信誉较好、规模较大、经营品种齐全的汽车经销商，因为这样的经销商一般都有厂家代理资格，所销售的车大都是从厂家直接进货或有正式进口渠道，能够向客户提供厂家生产的正宗零配件，汽车的质量、维修、售后服务都有保障。

省钱指数：	★★★★
实用指数：	★★★★

购买拍卖车，获得实惠多

很多精明的人已经从拍卖中淘到了自己中意的好车，郑先生就是个例子。在一场法院查封物品拍卖会上，郑先生仅以12万元就拍得了一辆市价20多万元的别克车。车辆里程表显示，该车才开了不到8000公里。所有手续办完之后一算，郑先生少花了近10万元不说，还省下了上牌照等候的时间。

目前，百姓购车主要有两种途径：专卖店和二手车市场。不过，随着进入拍卖领域的车辆数量和种类逐渐增多，汽车拍卖作为汽车交易市场的新型流通方式已逐渐受到人们的关注。与传统的流通方式相比，汽车拍卖新在何处，又能为购车者提供哪些独有的实惠呢？以下是汽车拍卖的4大优势。

1 交易透明度高、安全性好

由于参加拍卖的标的车都经过了车管部门检验，不仅来源合法而且交易手续完备，可以让买家毫无后顾之忧地“拍”到放心车。可以说拍卖会为买卖双方搭建了一个公平、公正的互动平台。

② 交易手续简便

通常汽车拍卖会前会举办现场看车咨询会。当你选中竞标的车后，只需缴纳1万元保证金，领取拍卖号牌就可以参加竞拍了。如果竞拍成功，拍卖公司会在你的委托下代办交易过户的有关手续，不让购车者费心。如果不成功，拍卖公司会如数将保证金退还竞拍者。如果在拍卖过程中汽车的瑕疵被隐瞒，消费者可以要求返还财产并追加索赔。

③ 交易形式灵活

对于想要将自己的汽车处理掉的人来说，参加拍卖还可以解决汽车停放的问题。对于没有卖掉的参拍车，拍卖公司不会收取任何费用(包括车辆停放的费用)。在汽车卖出前，车主还可以根据自己的需要将汽车开出存放地使用，不必长期停放在车场内，只要参加在拍卖会前举办的看车咨询会就可以了。

④ 价格便宜

当然，拍卖会上最大的优势就是价格便宜了。据了解，同样价格的车辆，拍卖市场正常情况下的成交价会低于二手市场30%左右。具体价格根据各种车辆的需求和状况而有所不同。

一些消费者在了解了汽车拍卖的优势，看了参拍的样车后，很可能会动心，那么，参加拍卖会要掌握哪些汽车拍卖的技巧呢？

准备工作要充分细致：在决定参加拍卖前，应该做好准备工作。首先要了解车辆的价格行情。规范的拍卖公司会如实标注车的实际情况，在预展时一定要看仔细，而且尽量让对方把自己的疑惑解释清楚。如果是新手，在预展时要请有驾车和修车经验的朋友陪同，看清楚车的状态，同时到二手车商那里了解市场行情。

拍卖现场摆正心态：参加拍卖是为了买车，并不是和谁争强斗富，更不能赌一时之气，参与者要摆正心态，不去考虑对手是谁，只要觉得价格合适，可以出手举牌。当然，还有一个必不可少的准备工作，那就是提前做好价位上的心理预期。为了跟上现场拍卖的节奏，消费者事先必须要把账算清楚，消费者应支付的金额除了车价、交易上牌费还包括佣金，每举一次牌费用会相应增加多少，心里必须有个数，别一时冲动或是错过机会。消费者可以把自己的心理价位写在纸上冷静观望。

不要忽视后续工作：拍卖公司一般要求受买人在拍卖结束当天或是第二天缴清全款和佣金，这就要求你在参拍前就得将款项筹好，以防遭遇特殊情况被视为违约。

省钱指数：	★★★★★
实用指数：	★★★★

购车省钱四“尽量”

随着汽车产能的迅速发展和车辆库存的大量增加，汽车销售市场经历了一个高峰之后的发展速度显得相对滞后，汽车市场的价格战已经拉开了大幕。在车市里，降价已经成为主流的促销手段，在这个时候买车确实是不错的选择，但是大部分人的经济实力并非非常强大，能够做到省钱购车自然更好。

1 尽量选择低油耗的汽车

油耗是购车后的主要开支之一，想要减少养车成本，低油耗节能型的汽车就必须成为考虑的重点，根据自己的需要选择合适的排量和自重的汽车，尤其是注重选购那些采用了先进节能技术的汽车，尽管价格较普通车型稍高，但在用车过程中，会不断的节省油钱。

② 尽量选择实用型配置

汽车的配置是灵活的，只要愿意升级，就可以享受到更舒适的服务，但是对于大部分的车主来说，根本没有必要为了一定的舒适性而支付大笔的开支。在购车的时候，业务员会不断地推荐提升汽车配置的各种项目，但价格也不菲。汽车在整车出厂的时候，基本的配置就已经比较合理了，其驾驶的可靠性和安全性都是得到了保证的，基本上能够满足车主的驾驶需求，若非经济情况相当好，不要轻易增加配置，否则会在无形当中增加很多购车预算。

③ 尽量牢控价格底线

购车和养车都是一系列的经济支出，而不是单项支出，购车就需要支付购车款、保险购置、税费等，养车需要油钱、维修费、停车费、洗车费、养路费、路桥费、年检费等。在购车之初就要对这些费用进行统一的评估，从而确定自己购车的价格底线。对车辆购置费用和实用费用的评估有利于控制购车养车的价格底线，确保不轻易超出预算范围，达到节省开支的目的。

④ 尽量选择主流车型

有些冷门车型的价格尽管较低，但是未来的维修价格则较高，而车辆过了质保期后，维修就会成为重中之重，其费用也相当高。选择主流车型的好处是：一是维修方便，易于寻找维修店，从而减少维修成本；二由于竞争激烈，维修价格相对较为透明。从维修费用的角度考虑，应尽量选择主流车型。

汽车最终会成为人们的大众出行工具，汽车行业的发展使得其价格不断下降，但是对于目前大部分并不富裕的购车者来说，购车仍旧是一种比较大的消费，在可以节省的环节尽量做到省钱，这样也能减轻购车的经济负担。

省钱指数：	★★★★★
实用指数：	★★★★

"先买后配"省钱多

目前，在火爆的购车热中，悄然出现了"先买后配"的现象。所谓的"先买后配"，就是指购车者在购车时，先选定一款价格较低的汽车，等上完牌照后再增加个性配置，例如配置真皮座椅、豪华音响、防盗器、天窗等。一些购车者对这种方式很是赞赏，认为既省钱又彰显个性。那么，消费者通过"先买后配"是怎样省钱的呢？

1 能省下一笔配置费用

高配置型汽车设备相对齐全且档次更高，但对于千差万别的个体消费者来说，并非每样东西都是必需品。如果你不是音乐发烧友，那么普通的汽车音响已经能满足你的要求了。所以，购买低配置的车，首先能省下一笔不必要的配置费用。

即便是相同或差不多的配置，"先买后配"的花销也比厂家原装的便宜不少。以广州本田金华4S店的某款中高档轿车为例，在其他配置几乎相同的前提下，带导航仪版的报价，比不带导航仪版的整整高出3万元。据该4S店负责人透露，如果消费者购买不带导航仪版的车，另外配置一个高级导航仪(功能绝不比厂家原装的导航仪差)，全部费用不会超过1万元。

2 能省下一笔车购税

消费者购车时需缴纳车购税，税额与车价紧密相关：在排量级别相同的前提下，车价越高，需缴纳的车购税也越多。如果用"先买后配"的方法，选择车价相对较低的车型，就能省下一笔可观的车购税，然后再配上自己所需的配置，丝毫不影响对功能的需求。

3 能省下部分保费

据了解，车险中有一些险种是按照车价来计算的，车价越高，保费也就越高。所以"先买后配"还能帮车主省下一部分保费。

从以上分析可以看出，“先买后配”的确省钱，不过需要提醒消费者的是：采取“先买后配”仍需谨慎。因为在原车上增加配置有一定难度，消费者在决定采取这种方式前，应事先和厂家、经销商、维修商协商一致方可。

省钱指数：	★★★★★
实用指数：	★★★★

小团购，大实惠

团购是团体采购的简称，也叫做集体采购，通常是指某些团体通过大批量向供应商购物，以低于市场价格获得产品或服务的采购行为。如果政府采购可以称为“大团购”的话，那么在民间日渐兴起的这种集体采购便可称为“小团购”。许多消费群体通过联系亲朋好友、中介服务机构或者利用网络等媒体，自愿结成购买团，从大到住房、汽车，小到地板等普通装饰材料，他们集中砍价，集体采购，从“小团购”中得到了“大实惠”。

1 团购的形式

自发团购：购车者自发组织起来的小规模汽车购买。毕竟买车对于大多数消费者来说是一个需长期存钱才能负担的消费，而且汽车市场又是一个价格迅速翻新的地方。因此他们互相商量，各有分工，把各自收集到的信息汇总，最后派几个代表去和经销商谈判。

有组织团购：两年前，汽车团购模式刚刚出现时并不被业内人士所看好，然而团购模式在经历了几起几落后，不仅被越来越多的人所接受，其本身也在向着专业化、人性化的方向转变。

2 寻找汽车团购中介的窍门

为了方便购车，最好在当地或距离较近的城市参加团购，在百度、Google等搜索引擎打上“汽车团购某某城市”的关键字，点击搜索，便可以轻松搜出当地或附近城市的各大汽车团购中介。

3 团购的流程

第一步：了解团购规则。第二步：选择自己喜欢的车，通过网络或者电话下订单。第三步：缴纳购车保证金。第四步：付款提车。

4 团购的实惠

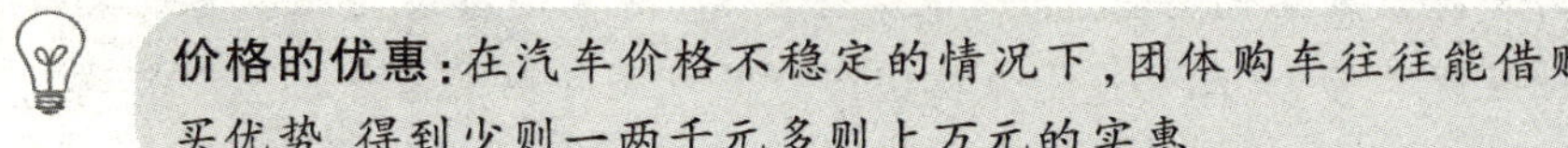
价格的优惠：在汽车价格不稳定的情况下，团体购车往往能借购买优势，得到少则一两千元多则上万元的实惠。

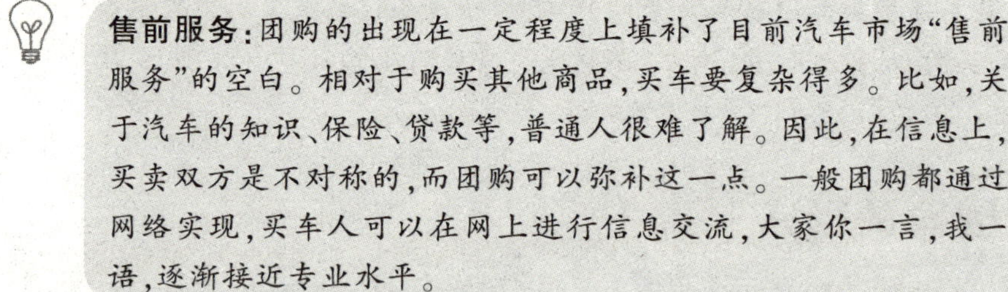
售前服务：团购的出现在一定程度上填补了目前汽车市场“售前服务”的空白。相对于购买其他商品，买车要复杂得多。比如，关于汽车的知识、保险、贷款等，普通人很难了解。因此，在信息上，买卖双方是不对称的，而团购可以弥补这一点。一般团购都通过网络实现，买车人可以在网上进行信息交流，大家你一言，我一语，逐渐接近专业水平。

省心省力：对于车盲来说，团购省心省力。对于经销商来说，多销售汽车可以多拿返利。

5 小心团购的风险

警惕团购经销商陷阱：某些团购一开始就是陷阱。很多经销商为了拉到更多的客户，开始时会承诺一个优惠幅度较大的团购价，让客户先缴纳订金，一个多月后再告诉客户，优惠价厂家没有批下来，只能以比市面价格略低的价钱出售。

警惕团购中介商陷阱：目前出现了许多所谓的中介商，由他们出面招揽购车者，然后从中抽取费用。消费者虽然也能从经销商那里得到优惠，但若除去支付给中介的费用，最终的实惠大大缩水。许多消费者就算千辛万苦谈成了交易，得到的优惠也是少之又少。

别让"黄牛党"钻空子：看"团购"有利可图，有人便专门做起"团购"的中介生意，由他们出面招揽购车者，然后从中抽取费用。消费者虽然也能从经销商那里得到优惠，但除去支付给中介的费用，最终的实惠大大缩水。因此消费者在参加汽车团购时，应将订金或车款直接交给汽车经销商，并索要发票。

自发团购可能成功率较低：由于许多购车者心理预期价位不切实际，有的提出车价要优惠8%~10%，甚至有的要求优惠15%的，保险还要打6折，送验车费等，因此不少厂家是不接受这类团购的。

价格不能压得太离谱：由于竞争的激烈，遇到团购的大单哪个经销商都不想放过。但有时遇到一些团购人将价格压得太离谱，开出的价码有些不着边际。经销商为了生存，可能在最大限度内接受你价格的同时，只好在相应的服务上偷工减料。

省钱指数：	★★★★★
实用指数：	★★★★

拒绝"鸡肋"配置

买车的人总有一个心态，那就是自己想要买的车配置越多越好，但配置多就意味着价格高，购车成本就会上升，而有些配置你也许永远都用不着。所以买车前先要理清一个原则：你要买的并不是最好的，而是最适合你的车。购车时一定冷静考虑一下，问问自己真的需要这些配置吗？下面笔者就为你介绍几种买车时可能不用考虑的配置。

1 定速巡航系统

定速巡航系统最早的开发初衷是为了在一定车速情况下让驾驶者能够不踩加速踏板和制动踏板从而让车辆保持匀速行驶状态,以减轻驾驶者因长时间驾驶导致的疲劳和困倦。只要方向不跑偏、前方无障碍,人们甚至可以在开启定速巡航的情况下边开车边化妆、刷牙、系领带。作为一种非常人性化的设计,定速巡航系统也越来越多地出现在国内车型配置表上,不过显然这种做法有些脱离群众需求和实际需要。

在国内车速变换不定的城市路面上,面对着潮水般的车流和几步一个的红绿灯,你的车速怎么能够上得去?频繁的起步、停车,不仅消磨着驾驶者的耐心,也让人们的心情坏到了极点,就更别提享受开启定速巡航系统时的轻松愉悦的驾驶感觉了。真不知道直到汽车报废它一共能够被用上几次。

2 车载电话

对于车载电话,有行家指出:如果你在开车,那么即使是免提也是非常危险的。如果你只坐车不驾驶的,那么要它干吗?而且在电子技术日益发达的今天,车载电话用不了一两年就会显得难看与过时,它无疑是在提醒别人你开着一辆有点年头的老车,对于讲究“排场”的车主来说,似乎连面子都争不到,实在比较多余。

3 多媒体DVD系统

对于驾驶汽车的人来说,边开车边看DVD是非常危险的事;对于乘车的人来说,可以做的事情很多,如看车外风景、聊天、打电话、睡觉等,为什么就必须去看因为汽车行驶而画面模糊不清的DVD?而且,如果主要在市区里短途行走的话,也没有时间去看完一部片子。

4 电子导航系统

卫星电子导航系统是近年来引进的新潮科技,在海外日益受到车主尤其是长途出行与异地租车的人们的欢迎,但由于中国国内的道路情况十分复杂,经常是旧路不用，新路又没有修好，所以一直没有好的电子地图配套，卫星电子导航只能够在不太复杂的环境下使用。但请记住买车人为此付出的代价不算小，卖价最多六七千元的东西装进车内后经常是加价超过万元。更何况一边开车一边分心看着屏幕，对安全也是一大隐患。

5 手自一体变速箱

手动变速器可以让驾驶者充分享受换挡的快感和加速的刺激；自动变速器相对于手动变速器而言，能够让驾驶者更方便省力地驾驶车辆，减少因频繁换挡引发的驾驶疲劳。但是如果将两者整合到一起，且不说能不能将手动和自动变速器的优势同时激发出来，在行驶速度不高的城市道路上，驾驶员将换挡杆放到D挡之后能否“想起”使用手动模式呢？在高速路的路况条件下为了加速顺畅可将挡杆置于手动换挡模式，但大多数开车上下班的城市一族，又有多少时间用来跑高速呢？况且，自动变速器虽然没有手动变速器换挡那样平滑顺畅，但是也足以应付高速驾驶时的加速需求了。由此可见，手自一体变速器虽然是科技的创新和技术的进步，不过放在现在好像还是有点多此一举。

6 车载蓝牙

蓝牙现在确实普及了，在公交车上用手机随便一搜都能出来好几个匹配的。但如果你开的不是单座的F1，就千万别把手机连上车载蓝牙，不然如果让人听到不该听的，那这炫耀可就得不偿失了。

国外的汽车厂家通常将这些配置作为选装件，客户可根据自身对车辆的不同使用要求和驾驶需求来决定要加装哪种配置，在为消费者带来更多自主选择权利的同时，也体现了他们以人为本的思想和观念。而在国内，汽车厂商却大都将这些高档配置作为汽车上的标准配置，将生产和研发过程的高成本转嫁到消费者头上，消费者在买车的时候被忽悠，花了大把的钱将这些看似非常诱人的高档配置买回家，等真正清醒过来以后才发现它们其实在自己的汽车生活中根本起不到什么作用。

所以消费者在选车的时候，应选择自己能用上的配置，丢掉那些华而不实的东西。其实真正决定汽车性能的，还是3大件：发动机、变速箱和底盘悬挂。要把挑车的主要精力用在那些看不见的关键部件上，而不要为了一些华丽的配置去牺牲最重要的安全性、操控性和舒适性。

省钱指数：	★★★★★
实用指数：	★★★★★

学会“砍价”多省钱

买辆车对于中国的家庭来说可谓是置办一件大物件，最便宜的都要几万元。在中国市场买东西流行砍价，何况是价值不菲的汽车呢。对于目前正准备买车的朋友来说，可能会感觉车型的报价有点乱，4S店、市场和一些媒体所报的价格有很多出入，自己在汽车专卖店里面又不知道该从何跟销售人员砍价，下面就为读者朋友们介绍一些买车的实战经验招数，仅供参考。

1 隔岸观火：关注竞争车型价格变动

买车砍价不仅要把握火候还要懂得观察，车价会不会降，什么时候降？了解这些情况是很重要的。当你买车时首先要看准一款车型，然后观察它的竞争车型近期有没有降价动作。如果有的话，那么恭喜你，说明你心仪的车型离降价也不远了，毕竟同级别的车要生存还是要遵循市场法则的。如果竞争车型没降价怎么办呢？那就要观察你心仪的这款车是不是很久没降价了，或者看它最近的销售量是不是下滑了，如果是的话，那么离降价也不远了。如果这款车型年内已多次降价，估计接下来降价的空间不会太大。

2 抛砖引玉：多跑几次多问几家

谁都别指望买车跑一次就能拿到最实惠的价格，你多跑几次或许就有新的惊喜。一般在第一次问价的时候，商家是不会轻易把底价告诉你的，通常在你去过三四次以后，商家的价格才会慢慢逼近底线。因此买车的时候，建议你多跑几次，多问几家。

3 欲擒故纵:明明心仪却不动声色

买车最好是全家出动或多邀请几个伙伴,先商量好想要的最低价格,商家不给出最终价格千万别暴露谁是真正的买主。这样商家就搞不清楚谁做主,认为人人都有嫌疑,所以分散了主攻方向。同时你们还可以设好套:一个人坚持要买,另一些人坚持说要去买对手的车型,这样的话商家为了把生意做成,几乎都会降点儿价格,这就成功了。

4 声东击西:看舒适车砍豪华车

任何品牌的车型,都有舒适型和豪华型之分,越是高级别的车型,让利的金额会越高。砍价时通常要声东击西,如果你要买豪华型,就要先谈舒适型的价格,然后根据自己的需要加配加价;相反,如果你要买舒适型,得从豪华型开始砍价。等你谈得差不多了,再回来谈舒适型的价格,按照豪华型被砍下的价格来还价,如果销售人员不同意,再慢慢加点价钱。这样一来,车的价格一般都会比直接谈这款车的价格来得实惠。

5 知己知彼:探知商家库存

在买车前,先到经销商的仓库去看看。如果仓库里待售的车很少甚至是没有,那砍价的余地就很小了;相反,如果仓库里车的数量很多的话,那就有的商量了。

从某种意义上来说,库存量可以反映出这款车的供求关系。当供不应求时,车的价格肯定是比较难砍的;但如果供大于求的时候,价格自然就容易往下调了。同样,在看车的库存量时,还可以参考一下提车时间。像有的车的提车时间已经排到12月份了,想砍价那几乎是没什么指望了。

6 避上趋下:月底年终买车更优惠

月底买车会比月初买车更便宜。再远点来看,年终买车要比年初买车优惠。因为到年终了各个经销商都要冲刺销量,好争取厂家最大的返点,虽然卖给你的这辆车价格不高,但这辆车所带来的返点利润或许能弥补上,通常经销商的优惠时间会延续到来年的1月份。也有人认为，年中(一般在6月)降价的可能性也比较大，因为商家会根据上半年的销售情况来判断整年的销售任务能否完成，要是上半年的任务完成比较差的话，接下来肯定要靠调整价格来带动下半年的销量。

7 左右逢源：寻找一切能帮忙的人

买车肯定要左右逢源，团结可以团结的一切人，同时要找一切能帮得上忙的熟人。如果你在车行里有熟人，最好先别找他们，而是找其他销售人员谈好一个价钱后再去找他们，看看能不能通过关系再优惠多点。要提醒的是，一般情况下都能得到适当优惠，但如果是特价车的话，想再得到进一步优惠的可能性不大，估计只能再配送些礼品。另外，你既然找了熟人就一定要在该店买，否则反而会得罪人。

省钱指数：	★★★★★
实用指数：	★★★★★

验收新车须细查

验收新车的检查是很重要的，如果不细心检查，等到车开回去再发现少了什么，哪儿有什么毛病，经销商是不会认账的。下面就是在新车验收时需要特别注意的几个方面。

1 核对车型及参数

(1)先核对汽车型号。由于不少汽车是用多个英文字母代表其结构特点及有关参数，型号代码比较长，核对时一定要细心。

(2)核对发动机型号与说明书、发票上的是否相同。发动机是电喷机还是化油器机；是进口机还是国产机。核对发动机号码、车身(架)号码，要与说明书上的一致，若不一致，车管所不给办理上牌手续。

(3)查看汽车出厂日期，若是好几年前的产品，建议换一辆最近出厂的。

2 核对车身颜色

是否是预先选定的颜色，是金属漆还是普通漆（在汽车其他条件完全相同的情况下，颜色不同价格也不同）。另外，还要环绕汽车仔细检查，不要让脏污或灰尘遮住残损处，查看全车颜色是否一致，若不一致，用手摸一摸，看是否有修补痕迹。假若修补痕迹较多，则可判断该车为旧车，要换上一辆新车再检查。

3 检查有无漏水漏油

检查散热器是否有水滴在地面或者散热器下部是否有明显的水滴凝集。用手摸摸散热器底部，若有较多的水分，则可能散热器存在漏水问题；检查发动机油底壳是否有机油渗漏；检查后桥主减速器壳是否有润滑油渗出；检查转向器（动力转向）是否渗油；检查燃油供给系统，特别是燃油滤清器、各燃油管路是否漏油等。

4 检查车内设施

打开车门，检查车内座位是否完整，坐垫及椅套是否美观大方，座椅能否前后调整，乘坐是否舒适，有无安全系统，安全带伸缩是否自如。检查车门与侧窗开关是否灵活、安全、可靠，手动或电动车窗操纵是否正常，门窗及前后挡风玻璃密封是否良好，玻璃有无裂纹，检查后视镜中景物图像是否清晰。检查车内各装饰件安装是否牢固可靠，特别是车门拉手是否松动，内顶篷是否有松脱现象等。

5 检查电气系统

检查蓄电池各接线是否牢固可靠；检查蓄电池电解液的液面高度是否符合要求；检查雨刮、喷水器是否工作正常；检查各车灯，如前大灯、小灯、制动灯、转向灯、防雾灯、牌照灯、车厢灯等是否工作正常；按一按喇叭按钮开关，检查喇叭是否响亮；检查里程表有无读数记录，对于新车其数值不应超过10公里；拉紧手刹，挂上空挡，启动发动机，检查发动机启动是否容易；并观察各仪表及电气报警灯是否正常等。

⑥ 其他检查

检查轮胎规格，备胎与其他4个轮胎是否相同，轮胎气压是否合适；检查发动机、变速器、后桥的润滑油油量是否在规定范围内，润滑油是否变质；检查散热器冷却水高度是否符合要求；检查发动机各传动皮带是否有损坏及缺陷，张紧力是否合适；检查随车工具是否齐全等。

省钱指数：	★★★★
实用指数：	★★★★★

亲自体验试车不可少

试车是每个购车人都需要的一个步骤。因为只有亲自驾乘，才能感受发动机性能是否优越，才能了解车辆运行是否顺畅、安静、舒适等。

试车过程中应从点火、起步到加减挡、加速、转弯、脚制动和手制动及全车灯光使用情况等各方面进行试驾。

① 启动发动机

检查发动机运转是否轻快、连续、平稳，有无杂音、异响。回到车上，轻加油门，感受发动机加速响应是否连续，连续加速后怠速应仍然稳定。如发动机发出很大的声响，则表明未燃烧完的混合气进入了排气装置，可能是排气门密封不严或点火提前，角度错误。

② 试加油门、换挡

缓加油门，轻抬离合，车辆起步应平稳。不应卡住、挂不上或摘不下，齿轮不应有响动。汽车行驶中换挡应轻便无噪声，否则说明离合器分离有问题。为了进一步检查离合器是否完好，可挂上二挡，拉上手刹，然后松开离合器，如果发动机不熄火，则表明离合器在打滑或磨损过甚。

3 加减速情况

试车时上下立交桥可感觉一下加速和动力情况。通过加、减挡位，轻打方向盘，感觉转向系统是否满意；正常行驶方向应不跑偏，能自动维持直线行驶，转弯后可以基本自行回正；车辆调头，左右转向打到极限时车轮应无异响。有可能的话可试验一下高速驾驶情况，感觉高速行驶的稳定性、抓地感，看是否有车轮摆动、方向发飘的现象。无其他车辆时，也可试试蛇行，可感觉车辆的操控性能。

4 刹车情况

按不同车速测试紧急刹车的感觉，如分别以40~60公里/小时的车速急刹车，检查制动时方向的稳定性，松开转向盘制动，汽车应能保持原来的直行方向。装有ABS的汽车，当汽车以20~40公里/小时的速度在各种路上全力制动时，车轮不应抱死。

5 坏路面测试

找一段坏路面行驶，检查汽车是否有异响或有硬物碰撞的声音。发动机在怠速阶段不允许熄火。轻轻拉上驻车制动，汽车慢速行驶时应明显有被制动的感觉。当车轮轮圈损坏或车轮动平衡遭破坏时，在转向盘或车身上会明显感觉到振动。

6 检查水温及变速器、油温

试车行驶约15公里时，可以检查水温及变速器、驱动桥的油温是否正常。

省钱指数：	★★★★
实用指数：	★★★★

保持理性，避免误区

当前，我国汽车的私人购买力毫无疑问进入了一个高增长期。但相对来说，人们对于汽车知识还了解得较少。在一波接一波的降价潮中，购车者很可能迷失在价格的丛林中，而忽略了其他方面的问题。汽车毕竟是一项大宗消费，若在购买过程中丧失理性，则会导致购买后的后悔和遗憾。

1 盲目追求低价格

在购买汽车时，人们总是希望汽车价格便宜一点，想支出的尽可能少一点，这是很正常的心理。但是，购车费也不是越少越好。

关注汽车价格的高低很有必要，但不能忽视汽车投入使用后较长时间重复支付的维持费。有时，似乎在购车费上省了一笔，但在使用过程中，由于油耗高、可靠性差、维持费用大等原因，反而要支付更多的费用。因此，总的算来还是不划算的。

据有关人士统计，汽车在购买使用后，8年内用于维持的费用总和，基本上达到购车费的3倍甚至更高，仔细算来，其实这是一笔不小的数目。所以，从系统的观点来衡量汽车投资效益时要算总账，即一次性的购车费与多次重复的维持费之和为最低才是经济的。

2 盲目追求大空间

很多人想着一家大小开车出去游玩需要足够的空间，越大越好，这样既舒服又有气派。虽然大车有其优点，但也有不足之处。比如三口之家，坐满5个人甚至7个人的机会很少，因此也造成了过多的浪费。车子大了，油耗多了，停车不方便，占地多，年审、过路桥收费也随之增多。买车对汽车的要求不仅要从个人的需求出发，而且要考虑经济实力，不然会给自己增加很多不必要的负担。

3 盲目追求技术性能

有的车主认为声音小的车就表明车的性能好，其实只要机头没有问题就行，排气的声音没有多少意义，只是排气管不同而已，对车的质量没有多少参考意义，许多杂牌车的声音都是很不错的。

还有的人认为加速快的车性能好，但要知道，一辆车经过改装，花钱不多就完全可以改变车的加速感觉。因此，不能认为加速猛的车就是好车。

车的极速并非是越高越好，真实的车速是有参考价值的，但你的车速表并不是十分可信，其出错的机率很高，所以没有多大意义。

现在人们都比较喜欢省油的车，但真正能省油的车能有多少呢，有些杂牌子的车确实省油，但质量不怎么样，或许省下的油钱还不够修车，如果具备不安全因素，甚至会导致发生事故。

4 觉得三厢车比两厢好

购车者一般会认为没有“尾巴”的车基本上就不能称为汽车，买车就要买“有头有尾”的车，有头有尾指的是三厢车，有头无尾则指的是两厢车。这主要是受传统习惯的影响，把车子看成财富、地位的象征，好像有头有尾才有面子。在欧洲比较流行的两厢车，在国内的许多人眼里，则变成了怪胎。其实两厢车相对于三厢车有很多优势，如价格实惠、维修方便、排量小能省油、个头小、可以自如穿梭、易寻停车泊位，是男女都适合驾驶的车型。

5 认为排量越大越好

在一般的购车者看来，同价位的车排量大的一定比排量小的性价比高。其实不然，排量大，油耗就高，价格也会较高。排量大小要依据车的用途而定。排量反映了2个指标：一是平常使用的排气量，排气量越大，负重能力就高，普通家用轿车排量在1.4~1.8升就足够了，对动力性有特殊要求的，可达到2.0升；公务、商务用车排量大些，以2.0~2.4升为适宜。二是加速时的后备功率，即在加速时，车的提速表现。排量大的，加速时间短，加速效果明显，但耗油量会增大。对于普通车主来说，瞬间加速性能不是主要的。

6 认为配置越高越好

许多新手往往认为汽车配置越高功能越齐全，能够满足车主更多的需求。事实并非如此。人们都知道，汽车的基本配置是必不可少的，如安全性方面，要有

ABS、安全气囊与完善的制动系统，以确保行车过程中的安全；动力性方面，看汽车功率、扭矩、最高时速、排放性等。但在操作舒适性方面，则依据车主自己的习惯而定。有些配置虽然提供了一些便利，但却牺牲了汽车的耐用性，如手动空调就明显比自动空调寿命长。

7 认为自动挡一定费油

人们常认为自动挡的车比手动挡的费油。从理论上来说，自动挡的液压传动损失要比手动挡大5%，也就是耗油多5%。但如果换挡过于频繁，手动换挡反而耗油更多。如果堵车严重，开手动挡的车要不停地换挡、摘挡，这些反复动作特别耗油，相比较而言自动挡却反而省油。同时，油耗大小还要结合车主的操作习惯而定，如果车主是位新手，掌握不好换挡时机，频繁地起步、加速、刹车，不停地变道，会比较费油，这些习惯都是造成油耗居高不下的罪魁祸首。

省钱指数：	★★★★★
实用指数：	★★★★★

购车陷阱巧应对

不少买车族都是第一次买车，也常常有人被厂家或经销商带进购车误区，结果钱没少花，而车却不满意。所以，买车时一定要小心谨慎，避免走入以下陷阱。

1 降价优惠

原因：车价常常是购车者考虑的主要因素，而这种重低价位的心理，对购车是十分不利的。实际上，除去一些经销商年底因资金问题以及年度销量考核等因素，而加大优惠力度外，同车型、同颜色、同配置的车在各个经销商之间的价格不会相差很多。之所以会有大的优惠，往往是因为经销商在验车上牌、装饰和保险上已经“做了手脚”。

对策：买车时尽量到大品牌、有实力、有信誉的4S店，并比较购车所需的各项花销，不要只看车价高低。

2 苦等新车

原因：现在，不少人青睐新车，愿意提前预定。然而由于所购新车太过抢手，有些经销商便偷偷将已经到店的新车加价，转让给那些没有排队但愿意出高价的买车人。结果却让提前预定的消费者苦苦等候。

对策：在预定时先要跟4S店确认大体的提车时间，预定后要经常打电话到4S店询问到车情况。如果必要，还可以伪装成那些不愿排队宁可交加急费提车的顾客，以探听真实的车源情况。

3 “定金”不等于“订金”

原因：在法律上“定金”与“订金”是有着严格区分的，定金具备担保的性质，而订金只是预先支付的一部分款项，并不具备担保性质。法律规定，合同履行后，定金应当抵作价款或者收回，给付定金的一方如果不履行合同的约定，则无权要求返还定金。而如果是订金，一方违约时，另一方则只能得到原额。

对策：购买爱车签订协议时，千万不能只顾着憧憬有车一族的幸福生活，一定要字斟句酌，防止被奸商所骗。

4 购买多余配置

原因：很多购车者常常在销售人员的“花言巧语”下，购买许多自己原先暂不考虑的配置。有些消费者会加上几千元甚至上万元添加具有导航仪、巡航系统、蓝牙、电视、倒车影像等配置的车辆。但是对于一般人来讲，这些配置在日常使用的频率并不高，不过是花钱买些摆设而已。

对策：在购车之前就确定好要花费的所有金额，确定好车辆的品牌、主要用途、配置和颜色等。当销售人员谈及额外配置时，心理上要先有防备。

5 买车保险花样多

原因：第一次购车的朋友对购车的程序，购车如何买保险等情况可能都不太熟悉，这种情况下购车者常常会让4S店或二级经销商提供一条龙服务，结果必要的保险并没有上，却在根本没必要的保险上花了很多钱。

对策:购车前对一些相关的保险常识要有所了解。如果让4S店代办的话,一定要找大的保险公司投保,一般购车只需要购买4大基本险种,即交强险、第三者责任险、车损险和不计免赔险,其余的险种消费者可根据自己的需要来选择。

6 库存车充珍藏版

原因:很多汽车厂家都积压了不少库存车,有的经销商为清理库存车以"典藏车"、"珍藏版"等名义进行降价促销。由于库存车价格比新车便宜,很多消费者在不明就里的情况下都抢着买。事实上,车不像酒,越陈越香,汽车也有"保鲜期"。

对策:经销商将库存车处理出去无可厚非,但应该如实告知消费者库存车的问题所在。以不实宣传的方式,将库存车重新包装,是对消费者的误导。

7 提防进口拼装车

原因:一些商家在高额利润的驱使下,常故意隐瞒车辆的真实产地,以低价为诱饵,把拼装车当原装车卖。一些对汽车缺乏了解的消费者可能会因此而上当受骗。由于质量没有保障,这些车辆极有可能存在重大安全隐患。更严重的是,到了要维权时,由于不是正规进口车,其维权之路也异常艰辛。

对策:由于进口车的渠道不同,价格也相差较大,所以选购时应特别注意检查销售商提供的购车手续和各类证件及随车附件,尽量避免购买走私车和来历不明的私售车,并且一定要与卖方签好合同,写明进口车辆的产地、车名、型号及质量保证期,在保证期内如发现车辆有质量问题,应及时向商检局报验。

8 利用车险牟利

原因:目前,各个保险公司的费用、返点都不一样,于是有些经销商便会用各种方法让你上一些返点较高的保险。部分保险公司下属城区以外或者地理位置较差的分公司甚至会给出更高的返点,如果你购买了这些保险,一旦你的车子出现事故要求保险公司理赔时,则只能到所上保险的保险公司索赔,这会给自己带来很大的麻烦。

对策:购买爱车一定要注意选择交通便利名声较好的大的保险公司。

省钱指数:	★★★★★
实用指数:	★★★★★

聪明选购二手车

现在做买卖,不仅要精挑细选更要货比三家,新车如此,二手车亦如此。在新车淘汰率高,二手车日益趋多的今天,如何找到一部既符合自己的意愿又物美价廉的座驾呢?

想买部车来过过开车瘾,其实是人之常情(尤其对刚考上驾照的新手),但是买新车好,还是买二手车好?一时之间很难下决定。相信影响你的购买决定的主要原因还是预算上的花费问题。然而也有新手想买辆二手车来练习驾驶技术,再者就是考虑到购买新车后,一旦换车时,高得离谱的折旧率也会使人捶胸顿足,不如干脆买辆二手车。当然,在购买二手车的诸多原因中也不排除那些对不再生产的旧车型情有独钟的车主,想选部自己以往错过的车来玩赏。另外,还有一个更普遍的原因,那就是购买二手车可降低被偷的风险或额外的保险费用支出。

不管你是基于上述所说的哪点想选购二手车,都要考虑一些与购买二手车相关的问题。大致来说选购二手车并不难,但要做好一些心理准备:就先天体质来看,二手车由于年份较新车更长,各部位机械老化、松动、失调,这些都是不可避免的,所以不能用过于严苛的心态去看待,而应结合原车的售价或年份(几年车)、车的里程、市场的需求性(热门度)或附购的额外配备等因素来综合考虑。

1 参考行情价和实际车况

上述所谓的行情价,其实有脉络可寻,但都还是基于大约的估算值。以一部新车来算,挂牌照后在一年以内大约可以值原价的7折,两年内在折过价的基础上可再折个8折,到了第三年再折85折,往后就视车况而定了。值得一提的是,上述所定的估算价只供参考,而该车的热门度、是否已停产、维修便利性、零件售价等都是攸关行情价的因素。

② 别一味看重外观

当你对市场行情价有了大致的了解后，再就车身外观做番评量。别以为车身外观只是看看外表而已，其实它是察看该车是否为事故车的首要步骤。这里讲的事故车，并不是一般发生的小擦撞，而是严重伤及大梁、发动机等重要部位的“事故车”。当你查看时可从车头、后行李厢等处查起。在观察车头时，以发动机盖板为主体，除了需仔细查看与叶子板的密合度或盖板与左右叶子板留有的缝隙是否一致外，发动机盖板与头灯是不是平整的切齐，发动机盖与挡风玻璃之间的间隙是否一致或留有原车的胶漆，也都是检查的重点。

③ 检查发动机室是否留着点焊痕迹

发动机室内的检查更是重中之重。当你打开发动机盖时，先检查一下发动机盖板内侧，如果有烤过漆的痕迹，表示这片盖板碰撞过的几率不低，因为盖板不具有审美的价值，也不影响车的外观，一般人不会闲来无事在这个地方烤漆。然后可再从发动机室上方横梁(亦是水箱罩上方工字梁)、发动机本体下方的两条纵梁或俗称“内归”的发动机室的两内侧副梁等处查看，这些地方如无意外都应留有圆形点焊的痕迹，若没有圆形或有大小不一的点焊形状，就有曾经遭受过撞击的可能。

④ 车门也是检查重点

从车门打开时来详查A、B、C柱，也就是观看车门框是否成一直线，如果不平整有类似波浪(俗称橘子皮)的情形，表示此车有过钣金。也可将黑色的防水胶条打开来看其是否平整，车门附近是否留有原车接合时的铆钉痕迹，如留有痕迹表示此车为原厂车，如没有就表示此车烤过漆。最后可来回开关车门检查车门开启的顺畅度，无异响或开启时极为顺手，表示此车并无什么大问题，但并不表示此车没问题。

大致说来，一部二手车的大梁、发动机、变速器，若无大问题，就可列入考虑范围，当然也要开起来不会有零零落落的感觉，否则挑了部“花钱车”，就有你受的啦！买部年份新、车况佳、价格合理的二手车是人人希望的，只要你遵循上述的选购要诀，相信要挑部“良驹”就不是遥不可及的梦想了！

省钱指数：	★★★★★
实用指数：	★★★★

购买二手车，须知“潜规则”

随着二手车行业越来越受到关注，行业竞争日益激烈，规范和信誉也越来越好，但是仍有不少用户在交易过程中出现“吃亏”的现象。这主要是很多用户对买二手车缺乏基本的了解，有时候过于心急，造成一些不必要的损失。因此在此介绍一些“潜规则”以帮助用户了解相关知识，从而更好地买到称心如意的二手车。

1 着急交订金

目前北京市旧机动车交易市场作为全国最大的二手车市场之一，日常的商品车库存量将近1万台，一般来说只要不是特别特殊的车辆，不会遇到没有车的情况。如果在用户了解不全面的情况下，尤其是在没有完全确定时不要着急交订金。因为按照有关规定，用户如果不在合约期间内提车付款，订金不予退还。一般订金在车辆售价的1%~5%。

2 只关注某一方面

一般女性用户和年轻用户往往只关注外表，尤其是一些个性化的小车，比如甲壳虫、Mini、奥迪TT等。车辆的使用需要考虑综合性能，比如外观和车架、发动机和变速器、底盘、电气系统等，因此选择的时候不要“一根筋”，关键时刻要理智。

3 只面对一款车

二手车与新车的最大不同在于其个性化。尤其是供应车辆不一定符合购买方的意愿，比如车辆的型号、颜色、配置、价格等。建议用户选择二手车时按照价格空间和功能需求来圈定车辆，而不仅仅就限定一款车，否则容易造成价格偏差，购买价格偏高等问题。

4 过于坚持己见

随着中国汽车消费的逐步成熟，越来越多的用户开始有了自己的“选择”，其实对于相对规范的新车来说选择起来并不难，但是对于二手车的选择则不仅要有对车辆状况的相对了解，同时还要对车辆的手续等复杂问题的了解，只有真正从事这一行业的人才能更好地掌握。所以有时候不要过于坚持己见，多走访几家多听听从业人员的建议，综合考虑。

5 虚假报价全当真

其实二手商品最大的问题在于价格的不透明化，因此二手车的价格也就有很多“水分”。卖车时一般商家报价偏高，买车时砍价余地较大。建议用户不要听信路边、网络等虚假报价，以最终成交价格为基准，找正规商家洽谈交易。

6 用售价做买卖价参考

一些用户出售车辆往往通过了解二手车经销商“售价”来衡量自己车辆的出售价格，一方面每台二手车的价格不同，另一方面二手车出售价格中有砍价的余地。另外二手车整备、销售过程中的成本用户不能确定，所以在出售车辆时建议多找几家公司询价为好。仅仅通过售价作为参考很难销售出去，往往容易因为心气过高而耽误了最佳销售时机。

7 今日事今日毕

不少用户买车都有一种“急切”的心态，往往抱着“咬定青山不放松”的态度。在选择新车的时候相对好一些，但是选择二手车千万不可操之过急，要避免“毕其功于一役”的心态。在某些特殊的时段，也许当天的库存车辆并不是令人很满意，但是或许在等待一周之后，不论是价格还是车况都会更好。所以选择二手车一定要有耐心，不要非得“今天就要开车走”。

8 找行家100%没问题

虽然说从业者或者某些用户认为汽车维修工会更加懂车，但是在实际交易过程中，即使是最好的评估师也有“走眼”的时候，并且在通常情况下，10%的失误率是普遍存在的，这也就是很多情况下多个评估师共同作业的必要性。即使用户找专家帮忙，但是为了确保出了问题能得到尽快解决，还是要按照正规程序签署合同。

9 以公里表作依据

不少用户在购买二手车时都以公里表作为参考依据，然而目前国内对于里程表的检查和鉴定不完善，容易出现人为的调整情况，因此公里表作为依据有一定的不确定性。除非旧车经纪公司在签订合同的时候明确注明公里表真实性有保障，否则还是要参考车辆的状况。

10 代办手续全省心

一般用户觉得二手车交易过程比较繁琐，往往喜欢找代理公司办理。但是在办理过程中有一些需要用户签署的文件和证明，如果让他人全权代理，在此过程中产生的很多细节问题用户就会缺乏了解，则容易出现纠纷和与之相关的一些后续的问题，比如养路费、登记证、身份证等。因此代办虽然方便，但是转移登记表格、合同等重要的文件还是要用户自己看和自己确认签字的。

省钱指数：	★★★★
实用指数：	★★★★★

第二章　装饰改装

漂亮省钱可兼得

新车买回来之后，不少车主喜欢将自己“移动之家”布置得充满温馨感。的确，经过细心装饰的车可以给人一种温暖舒适的感觉；经过改装的车则可以让爱车性能更强大，让车主的个性更张扬。然而，现在的汽车美容市场并不规范，大多商家为了赚取车主的钱，会推荐他们做所谓的最好而实际并无多大用处的项目来提高其利润。那么有没有一种既能让新车外表美观、性能强大又省钱的方法呢？有的，只要车主肯花点心思，一定会有更好的处理方案，让你省出足够多的钱！

汽车装饰须考虑

新车装饰要遵循3个原则：实用、安全、舒适。不少人往往刚刚拿到车，还没来得及享受新车带来的喜悦和舒适，就忙着将全新的车送去装饰或者升级。其实，汽车的内饰布置本来就是各大汽车制造厂关心的大问题，无论是颜色与材料的搭配还是轮胎、轮毂的选择，甚至还有车内部的气味都是经过仔细调配的；而且现在的汽车美容市场良莠不齐，如果车主没有认真考虑清楚自己想要什么样的装饰而听凭汽车美容市场工作人员的建议，往往容易造成装饰后的汽车风格与车主自身的喜好相悖，因此经常有人在对自己的新车大加装饰以后不久又将崭新的装饰换掉。有鉴于此，笔者建议车主拿到新车时不要急着换装饰，过一段时间考虑清楚后再动手也不迟，而且不管车主喜欢什么风格的装饰，都不能忽视以下2个基本问题。

1 总体效果：协调与耐久

有人指出汽车装饰要有前瞻性，这是有道理的，值得大家参考。近些年来人们的审美观在迅速地变化，而汽车装饰又往往是一项比较复杂，需要耗费较多时间与精力的事。如果过于追赶潮流，则容易造成人力和财力的浪费，在实际使用上并不可取。常常有车主在新车只用了不到一年之后就显得有点“过气”而不得不考虑再次更新内饰，这实在是一件让人头痛的事情。因此，笔者建议在新车装饰时充分考虑到个人的口味以及车辆原有的风格，尽量让车内外的颜色和谐统一，尤其不要弄乱了原车的主体布置格局。因为作为汽车的主体，从车壳到变速箱、仪表板都有一定的规矩，很难完全更换，在原车的基础上做修改就比较可取。以改装车内的音响系统为例，级别较低的车往往密封等做得较差，即使装了高级音响也会因为较大的车内噪音而难以达到很好的音效。而较为高档的车本身音响系统质量就不错，是否需要改装值得仔细推敲。所以掌握和谐的原则就显得尤为最重要。另外，装饰材料是否牢固也是重要的考量因素。如果行车途中不断有小东西从车身上落下，或者发出难听的声音，容易影响驾驶者的心情而不利于行车安全。此外，不少颜色鲜亮的内饰材料往往容易褪色，稍一清洗或者没过多长时间就变得十分陈旧，必须花钱请人重新装饰，既费钱又费力。

❷ 三个原则:实用、安全、舒适

实用:对于新车装饰,首先要考虑的问题就是实用。例如新手上路特别怕磕碰则可以装个倒车雷达“壮胆”;天气炎热太阳晃眼则可以贴膜加以保护。此外,对漆面与底盘加以保护的底盘装甲、新车开蜡与封釉等,都是非常实用的装饰。有些车因为配置较低没有中控门锁、电动车窗,如果觉得不方便也可以升级。至于加开天窗、换高级音响等就可以等一段时间考虑成熟了以后再去做。

安全:安全是汽车装饰中比较容易忽略的。有人将方向盘换成了专业的赛车方向盘,结果用起来并不顺手,而且还失去了原车的安全气囊保护。有人在装倒车雷达与音响的同时还配备了车载DVD,边开车边看影碟,这样容易引发交通事故。此外,类似于前后车窗挂满小饰件,几乎完全遮挡住车内向后视线的例子就更多了,其实这些都是不安全的因素。

舒适:舒适是所有人的需求。有不少车主喜欢在车内放一些小饰物或者设置一些小装置,看上去十分漂亮,用起来或许并不方便,如时髦却容易脱落的方向盘套、容易滑来滑去的坐垫、闪烁不定的车内灯光等。事实上,这些并不仅仅是舒不舒服的问题,而且还可能影响司机的行车安全。因此笔者建议车内的饰物色彩应以司机本人的审美来定,只有舒适的工作环境,才可能给司机产生轻松愉快自在的感受,乘坐人员心情自然也好。

省钱指数:	★★★★
实用指数:	★★★★

新车内装饰，你选哪类型

新车买回来后，需要装饰的地方一定会很多，头枕、杯架、影音系统、真皮座椅无一不是个性及生活的体现，尤其是车上一些细节方面的装饰，花钱不多，却能体现出明显的个人风格。那么新车装饰，具体应从哪里入手呢？

1 爱车内部实用型装饰

附加头枕：你如果经常开车，就会在实际使用中发现，很多轿车的头枕位置太靠后。车主如果要直视前方，根本挨不到头枕，所以颈部在开车的时候会很累。安装一个附加头枕，可以减轻颈部的疲劳。附加头枕多为内部充棉的真丝面料枕头，固定在原有的头枕上，价格一般不是很高。

方向盘套：用惯了塑料方向盘，突然有一天厌倦了，想换换颜色，或者想要手感舒服一点，不妨套上一个方向盘套。方向盘套分绒套和真皮套两种，绒套摸起来舒服，而且颜色更多更活泼，适合女性车主；真皮套显得更高档，设计者在驾驶者的手握位置上设置了凹槽，握上去比较顺手，是个不错的选择。

防盗系统：过去汽车安装防盗系统似乎还很少见，而现在给车安装防盗系统已越来越普遍了。现在市场上供应的防盗系统分为3大类：电控类、机械类和GPS系统。电控类的有防盗器、中控锁、指纹锁、终极锁；机械类的有方向盘锁、排挡锁、轮胎锁。种类繁多，各种档次应有尽有，你可以到信誉较好的大店按照你的实际需要选购，当然价格也是不一样的。

后倒视镜：新手倒车时面临的一个首要问题就是视野问题，要改善视野，不妨在车内后视镜上夹上一块大视野后视镜，它通常是一面窄长的弧面镜，视野很宽，通过这面镜子可以清楚地看到正后方和侧后方的情况。

2 爱车内部享受型装饰

手机支架:中低档车里往往没有,但是如果安装上一个,你在开车的时候就可以不必冒着危险从口袋里掏手机了,而且如果你的手机还是有耳机的,那操作就更方便了。手机支架的底座可以通过吸盘吸在前仪表台上,既轻巧又实用。但是我们还是奉劝诸位爱在开车时候接听手机的朋友,珍爱生命,开车时还是不打电话为好。

纸巾盒:副驾驶座位上的乘客往往可能要在开车的时候吃东西,那纸巾盒就是必不可少的东西了,如果仪表台前放一对憨态可掬的小绒布熊纸巾盒,就会增加车内的温馨感。这种类似的装饰物质地柔软、做工精美,价格根据材质不同而高低也不相同。

车内香水:许多新车内都有一股装饰材料散发出来的怪味,除了多开车窗外,还可选择车用香水来掩盖这种气味,而且它会让你的车内空气更加清新。选择车用香水,一定要找比较好的店面购买,要根据你的喜好选择香型,根据不同的香水、不同的盛放器皿,价格也不相同。

排挡头:排挡头的装饰似乎还比较少见。其实作为车内部最醒目的装饰之一,排挡头的档次和风格很大程度上决定了车内整体风格。在此有几点建议可供车主们参考:合金排挡头显得车主年轻;真皮排挡头显得车主成熟稳重;要体现木纹的装饰效果,和车内仪表台上的桃木内饰风格一致,也可以选择木质排挡头,这种装饰一般多用在女性车主的车上。

影音系统:对汽车音响的选择,你可以根据自己的喜好和经济承受能力。目前,专为汽车设计的CD、VCD、DVD能让你在车里得到家庭影院般的享受。DVD或者VCD的显示屏不光可以安装在仪表台上,还可以装在前排座椅的后背上,或者装在副驾驶座前的夹板后面。放下夹板,就可以欣赏电影,收起夹板,还能够保护显示屏不被划伤,既方便又实用。

更换座椅：一部车最显眼的就是座椅，选择皮套、布套或各式座椅都是体现车主品位的地方。但是不管你是选择皮套还是布套，一定要牢记2大标准：一是舒适，二是美观。当然价格也是不能回避的问题。

省钱指数：	★★★★
实用指数：	★★★★★

汽车装饰有讲究

汽车既然是都市人的移动之家，许多车主非常愿意用小家的标准来装饰这一个可以任自己支配的私人空间。特别是一些女性车主，通常喜欢在车内挂上卡通玩偶、叮叮当当的挂件。这些东西看起来很可爱，引发的问题却不少。不当的装饰不仅浪费钱财，更为严重的是会给自己的行车带来麻烦甚至给他人造成危害。因此，在选用装饰时要结合其他因素综合考虑。

1 前后风窗不宜过度装饰

因为小饰物在汽车晃动时会摆来摆去，给司机视觉上造成干扰，增加出事故的概率。而摆放在后面的小饰物，容易遮挡司机的视线，尤其是倒车时，会使司机看不清后方情况。这样不仅容易撞坏车子，还有可能伤害行人。更有甚者，一些粘贴在车内的装饰物，在车辆转弯或经过减速带时因粘贴不牢发生滑落，可能会影响开车人的注意力，有的司机边开车边捡装饰物，给行车安全带来更大危险。

2 车内的装饰要注意位置和色彩

汽车里的很多装饰由于安放位置或者色彩不适合很容易导致意外事故。在此提醒司机朋友，不要去碰车内装饰的“雷区”。调查发现，大多数男性司机的车内装饰较为简洁，而一些女性司机的驾驶室前后则挂满了各种装饰物。有的在轿车后窗的玻璃前放着大大的长毛绒玩具狗,有的将纸巾盒和枕头都放到后窗前,这些都会给开车人的视线造成盲区,造成安全隐患。

③ 选择汽车坐垫注意防滑功能

一些女性司机冬天会在座椅上铺一套毛绒座椅垫,但坐上去之后却发现,这个座椅垫总是往后缩,开一会儿车就觉得座椅垫缩了起来,让人感到很不舒服。不仅如此,滑来滑去的坐垫需要经常整理,会使司机分心,也容易引发交通事故。此外,一些毛绒垫子常在座椅上打滑,如果没有固定好,在急转弯时,开车族很容易发生位移,从而造成车辆失控。还有一些司机喜欢在冬天使用毛绒方向盘套,但一些劣质毛绒套弹性差,不能牢牢固定在转向盘上,也很容易打滑。

④ 谨慎选择汽车香水

如今,汽车香水管理仍处于真空地带,因此市场上的各类产品质量参差不齐,价格各异。因此开车族要谨慎选择汽车香水,购买使用的时候注意看清有无正规的商品标识,如厂商、厂址等。专家也建议新买的轿车如果车内味道较重,多开窗通风就行了,不必专门用香水遮盖。

⑤ 车外装饰不要过重

车辆外观装饰要适度,切忌过重。有的人很少考虑车辆的承受力,而在车外安装许多装饰物,如多功能行李架、高位刹车灯、流线型尾翼、钢制弹力保险杠等。其实这样做并不科学,物件过多不但会使车体局部发生变形,影响车的使用寿命,还会加大行车阻力,影响车速,妨碍行车安全。当车速提高后,遇到紧急情况急刹车,会因车的载重过大而难以控制。

省钱指数:	★★★★★
实用指数:	★★★★★

精打细算装饰车

拥有一辆车并不是太难的事，只不过买车容易养车难，很多人攒了好多年才凑够买车的钱，所以把车视为心头宝，“捧在手里怕摔了，含在嘴里怕化了”。现在蜂拥买车的新手把车开到汽配城做着各种可有可无的装饰，其实很多装饰是完全没必要做的。下面就为各位新手介绍几点省钱的地方。

1 买新车时铺地胶

铺地胶的弊端很多，要割掉原车的地毯，破坏内饰的结构，增加地板厚度，让一些门边的压边变形，甚至影响油门与刹车踏板的行程，引发交通事故。同时地胶是橡胶做的，潮气不容易挥发，万一车内进水，很容易导致底盘整块腐烂。最重要的是地胶散发的橡胶气味很难挥发掉，会给本已味道不佳的新车车厢增加更多的“毒气”。

专家建议：拒绝一切地胶类产品。当然如果你开的是金杯，每天都在运输生鲜水产，那地胶还是你不可多得的伙伴。

2 底盘封塑

各位开着新车去汽配城，肯定会有人扑上来向你推销一种叫“底盘封塑”的东西。从表面上看，它不同于一般的防锈处理，是将一种高附着性的柔性橡胶树脂喷涂在底盘上，使底盘与外界隔绝，被认为具有防腐、防锈、隔音的功能，能够延长车身寿命。其实汽车在出厂前都做过底盘防锈处理。汽车的使用年限不过十几年，就算是常年在海边行驶，只要使用得当，在汽车的使用期限内基本上不可能出现底盘锈穿的情况。

专家建议：东北和沿海的朋友，爱车会长时间接触积雪融雪剂或者海风侵蚀，承载式为主的轿车，保护好底盘是很有必要的。

3 换宽胎

大轮胎又拉风又有好处，有传言称换上宽胎后，方向盘手感增强，车辆的操控稳定性也能增强不少，而且加装宽胎后，过弯时轮胎的应变能力更强，尤其是宽胎的接地面积变大，干燥地面的抓地力和刹车距离都有明显的进步。其实，汽车在出厂的时候，厂家按照发动机动力已经匹配了相应规格的轮胎，而且也照顾到了整车的舒适性和操控性。因此，作为私人消费者，没有必要再次改变轮胎的规格。盲目加宽轮胎，虽然能提高一些操控性，但同时也会带来一些弊端。而且选择扁平比高，胎面宽的特殊规格，品牌选择余地不大，价格也都要比常规轮胎贵上不少。

专家建议：动力储备较多，原厂规格在195以上、轮毂大于15的轿车，以及SUV（专区）在合理的范围内可适当换装宽胎。而普通家用轿车，动力在1.6升排量以内的，以及长期需要在冰雪路面行驶的车辆就尽可能维持原厂规格不要变动。

4 车漆封釉

现在的汽车并不是在真空环境下使用，随时随刻都会面对大自然中的风沙、尘土、泥水、露水、酸雨、尾气等侵害，而封釉实际上是利用渗透或机械振抛挤压方式将车身漆面中的细微孔洞填平，并在之上形成一层珐琅质的、透明光滑的保护膜。这种保护膜具有硬度高、抗紫外线、抗油脂等特征，保养起来也很方便，不用再打蜡。但封釉并不可能一劳永逸，几个月以后，封釉的涂层就会慢慢地脱落，还得再次封釉。而且封釉是一个比较频繁的过程，如果施工水平低，很有可能伤及车漆，产生太阳纹，反而得不偿失。再说车漆本身就有抵抗外部环境侵蚀的能力，没有必要再给车漆罩上一层外衣，平常只要打打车蜡就完全可以了。

专家建议：还是勤打蜡更加能养护你爱车的车漆。

省钱指数：	★★★★★
实用指数：	★★★★★

教你选好“四大件”

一辆新车基本的装饰为地胶、脚垫、座套、把套、香水、防盗器（排挡锁）、倒车雷达、防爆膜等；高档装饰还有换真皮座椅、音响系统、桃木饰件、汽车天窗、卫星巡航定位系统、安全气囊。比较实用的还有各种坐垫、靠垫、杯架、防静电标、杂物盘、挡泥板、车衣、行走架、车用冰箱、打气泵、刹车灯、示宽灯、车内后视镜、停车牌、灭火器、麂皮、掸子、氧吧、电动窗、自动天线、车用窗帘、机械锁……及大包围、尾翼、轮眉、雨挡、装饰灯、贴画、踏板……下面向你介绍几种常用的装饰用品。

1 地胶

一般汽车座椅底下都是一种地毡似的物品，是原车整体铺制好的，一旦有污垢留在上面，则很难清理。若上面铺上一层防水、易擦洗的物品，清理起来就方便多了。这层保护物就是地胶。它分为手缝和成型地胶两种。板型、手工都好的地胶，能有效防止灰尘和脏物渗入地毡，但防水能力差一些。成型地胶是一次性压制成的，中间无缝，防泄漏性好，但遇凹凸大的车内地面时，铺出的美观性就差一些。一般地胶是用3毫米厚的橡胶制品做成的，颜色有灰色、米色、黑色。另外，地胶的铺制水平也是非常重要的，铺得不好，周边容易翘、中间不平整，整体感观很不舒服。由于地胶是橡胶制品，有些气味、颜色又少，一些高档轿车铺上后觉得档次低。现在一些车铺上家用地毯，感觉也很不错，既显档次又不算太贵。

2 防盗器(排挡锁)

车的安全是人们最为关注的，所以防盗器产品是必须配备的，装有电子防盗器的车一般可遥控车门，非常方便、实用，但窃贼一旦掌握破解方法，也容易将车盗走。因此现在许多车上又都再装配排挡锁。排挡锁是一种机械锁，将车的挡把放在空挡或倒挡位置锁上，即使盗贼启动车，也不能将车开走，车内空间小，锁杆坚硬不易被锯断。电子防盗器由于使用或产品本身的原因有时会出现一些问题，排挡锁安装到车上后则不易再拆除。选择防盗器、排挡锁要从产品质量、安装技术及售后服务3方面考虑。

3 防爆膜

当你在烈日炎炎的夏天，驾车在没有柳荫的马路上时，即使你打开空调也无法躲避烈日及紫外线对你的侵害，骄阳会使你焦躁不安，防爆膜会隔断99.99%的紫外线，使阳光不会直射车内，同时会让你感到一些凉意。这就是防爆膜的隔热、防紫外线的功能在起作用。另外，玻璃被撞碎，贴了防爆膜的玻璃碴不会飞溅，减少对人的伤害。

4 倒车雷达

新司机越来越多，剐蹭事件也越来越多，因刮蹭引起的纠纷也随之增多。原来不是问题的倒车，也逐渐变成了问题，而且，我们每天都在面对倒车，一天几次。倒车雷达的功能是能使车辆在倒车时距障碍物达到最小，天黑、雾天也不影响其性能，大大提高了人们在倒车时的安全性。

省钱指数：	★★★★
实用指数：	★★★★★

汽车装饰品优劣辨别

买了新车以后，车主们少不了要为爱车添置点“家当”，换汽车坐套、无骨雨刷器、买瓶香水等是最常见的装饰选择。可是众多的品类该如何选择？这些对于刚接触车的“新手”们来说，还真是件不好办的事。为此，有关专家给车主们介绍了一些汽车装饰品优劣辨别的方法，在此列出来希望能帮助大家选购到优质的汽车装饰品。

1 汽车坐套

虽然消费者喜欢纯棉质地舒适性好的汽车坐套，但棉坐套容易起球，考虑到坐套需要一定的耐磨性和美化性，商家会在棉中加丝，不过如此一来，棉丝混制坐套容易跳丝的问题也随之出现。

以贴画为装饰手段的布艺坐套非常多，它们的价格处于中低档次。如果这类胶制的贴画面积不大还可以接受，否则天气转暖，它透气性不好的缺点将显现出来。消费者分辨胶制贴画质量好坏的办法是拉伸座套上有贴画的部分，若质量过硬，其贴画弹性应该和后面的布料弹性成正比，否则贴画断裂难看不说，以后还会从这个位置开始脱落。

2 无骨雨刷器

质量不佳的无骨雨刷器，其钢片一般都不够好，长期使用很容易变形。由于无骨雨刷器质量较轻，所以宜选用较好的钢片，否则高速驾车时容易受风力影响发生强烈抖动，甚至伴有异响。

分辨无骨雨刷器的胶片的好坏，上乘品的特征很明显，如胶片刀口平整光滑，用手挤压会感到很有韧性、很瓷实；与此相反，如果胶片很糙，用手使劲能撕裂，并可能撕下碎渣，这样的无骨雨刷器当然不能保障刮水的密闭性能，更做不到刮拭无水痕，车主们常抱怨雨刷器总刮不干净就是这个原因。

注意察看无骨雨刷器上关键焊接点的结实程度和精密程度，这对该雨刷器是否易于安装，是否耐磨耐用至关重要。

要想验证一副无骨雨刷器的优劣，最有效的办法就是试用，当然经销商不可能让消费者随便试用，但可要求商家提供试用品。用过之后会发现，优质无骨雨刷器能减小汽车高速行驶时雨刷器的振动频次及幅度，降低雨刷片对玻璃的磨损。

3 汽车香水

汽车香水的香气应该令使用者感到舒适为好，浓重的气味不仅对人身体不利，还会使人精神烦躁。味道太香太甜不仅会让人觉得腻甚至会刺激鼻子和眼睛。如果车窗紧闭，香水应挂在空调出风口以帮它快速挥发。

含有害物质的香水，一般都是乍一闻很香很甜，时间长了闻着却特别难受。个别劣质香水中含甲醛，这样的香水不是空气清新剂，而是污染源，购买时一定要注意辨别。

货不真价不实的汽车香水，一般包装很简陋粗糙，香水成分、使用说明及生产日期等不详，也没有正规的生产许可证号和质量监督部门的认证标志。

多数优质汽车香水外表就是一瓶简简单单的香水，而不少劣质香水还有其他功能，比如带温度计、带钟表、带照明功能等。

植物香精油现在渐渐成为汽车香水的主流产品，要是将它涂在某处，其香气保留时间较长，而用酒精兑出来的低品质香水在两三个小时后就会失去香味。

4 车载冰箱

考察一个车载冰箱的质量先要看它的制冷及保温效果。现在车载冰箱的细分产品越来越多，出现了专门存放药品或高级化妆品的恒温式车载冰箱，其外壳上还设计了一个内部空间温度显示屏。若某药物试剂要求必须存放于12℃的环境下，调整到该温度后，显示屏上指示为12℃；但劣质冰箱就差在，当其内部实际温度已高于或低于12℃时，外面显示的还是该温度数值。

衡量冰箱质量的好与坏，从一个细节就能轻松判断出来，消费者只需打开冰箱盖，试一下密封条的手感，如果它缺乏韧性和严整性，实际密封效果就不会好。一个有可能爬进蟑螂的车载冰箱，其他方面能好到哪里去？

5 大视野后视镜

消费者使用大视野汽车外后视镜，看重的是它能否帮助司机克服普通汽车外后视镜存在盲区并影响驾驶安全性的问题。有的大视野镜同时附加了防眩功能及光滑镜面等令水珠难以附着的防雨功能，不过消费者目前可以暂时不要求太高。我们首要考虑的问题是该镜能否实现广角行车安全无碍。若是大视野镜能做到过滤强光、镜面耐磨、视觉柔和清晰、降疲劳等功用唯独做不到的是扫除视野盲区，那就是本末倒置了。

省钱指数：	★★★★
实用指数：	★★★★★

巧用小饰物，给你好心情

有了车像是有了第二个家，一个流动的小家。为了使它更加温馨舒适，车主们都少花不了心思，在内部“装修”上下一番工夫，或简或繁，不为别的，只图开车时能有个好心情。这里只想着重介绍一些车内小饰物供你选择，别小看它们，它们可常常能起到画龙点睛的作用。

1 手机座

小巧美观的手机座安装起来很方便，仪表台、空调出风口都能成为它的栖息之地。选一个和你的手机风格相符的手机座，既别致又实用，你口袋的负重减轻了，轻装上路行车也就更安全了。提醒你一句：行车中最好不要接听手机，一心两用则一事无成。所以，有事还是待停车后慢慢聊更稳妥，行车时应该洒脱些，别总让电话牵绊自己。

2 方向盘把套

如果你的方向盘还没穿上衣服，建议你赶快给它选购一件吧，免得再因长时间驾车，让手吃苦受累，又流汗又起硬茧。加个方向盘把套不仅能把一切问题全解决，还能美化你眼前的景色。目前市场上的把套有皮的、革的、绒毛制品等很多种，不仅款式多样，而且颜色各异，肯定会有一款适合你的爱车。

③ 脚踏夹板

男士们挑车时会发现，有时碰到一款自己中意的车，美中不足的是车子的脚踏板很小，对于高大威猛的男士显得不太合脚。其实这个小问题，可以通过后加装一个脚踏夹板来解决，这样油门踏板就会变得宽大一些。当然，更重要的是，在注重美观之余，还要注意安装是否牢固，以免出现滑动现象，给行车带来安全隐患。

④ 眼镜架

夏日行车少不了戴太阳镜，既能保护眼睛又能扮酷。为防镜片剐花与破碎，要给这个娇气的物品找个好地方收纳。选个眼镜架挂在遮阳板上是个不错的主意，让它妥帖地保护好太阳镜，也方便你取用。

⑤ 内饰小灯

如果你觉得自己的仪表板灯饰太过简单，一副灰头土脸的样子，可以考虑用些小灯进行点缀，别看就是个小装饰灯，种类也多着呢！有为阅读设计的阅读灯，也有为活跃气氛会变换颜色的五彩灯，还有制造浪漫情调的单色温馨小灯。挑选时，要把握好原则，让它真正能起到衬托自己的风格的作用。

⑥ 排挡套

选款经济车作为家用轿车，实惠耐用是前提，但你可能会对内饰有许多不满意的地方，除了上面介绍的小饰物能帮你弥补一些美中不足之外，还有一个小东西也能帮你提升爱车档次，那就是排挡套。换一款做工精良，色彩沉稳中透着华贵的排档套，会让你的操控系统显得与众不同。

内装饰的美化彰显着车主的个人品位与性格特点，我们的提示只是给你开阔一点思路，要营造出自己的个性风格，关键还在于你的精心选择与合理搭配。这是一件快乐的事情，常让人乐此不疲，愿你的创意能够得到朋友们的赞赏。

省钱指数：	★★★
实用指数：	★★★★

美容不需“从头到脚”

新车到手后，一些车主面对封釉、贴地胶、贴膜、做底盘防腐等诸多美容项目，往往有些不知所措。业内人士建议，美容应依照使用情况而定，新车美容不一定要“从头到脚”。一般来讲，新车出厂后，车内的原始配置已完全能满足车辆的正常运行。选择什么样的美容、养护项目，要依照车的用途、车主的喜好理性地确定，不能轻信一些经销商“善意”的提醒。装饰新车可遵循实用、安全的原则。

1 封釉——留驻亮丽色泽

汽车车漆外罩着一层极薄的，名叫亮油的保护层。它可以增加漆面亮度，隔绝空气，起到保护车漆的作用。但是，浓雾中的水汽、酸性物质对车漆的长期侵袭，秋冬季的大风携带沙尘反复滑过车漆，都使得亮油变薄脱落，露出色漆，逐渐变旧。那么，如何给汽车罩上一层保护层，让它常保光彩呢？封釉可以帮助爱车留驻亮丽的色泽。封釉美容是通过震抛原理将镜面釉压进车漆纹理中，形成网状保护膜，可以隔绝空气，避免氧化，达到使漆面增亮、增硬、抗酸碱、抗氧化、抗风沙、抗紫外线等多重功效。封釉后，车身由于老化而变色、脆化的漆皮及长年腐蚀形成的氧化层会一并除掉，车漆又恢复到新车时的光彩。

2 底盘防锈——隔绝腐蚀的防护层

汽车底盘是大家最容易忽略也是最容易遭到腐蚀的部位，它同样会影响汽车的使用寿命。长年行驶的汽车，底盘上必然会附着一层厚厚的油污，局部还会生锈，严重影响散热，腐蚀车体。做完防锈护理后的底盘不挂水，有效杜绝雨水的侵蚀，同时隔绝一些化学成分对底盘的腐蚀，防止生锈。每年只要在雨季、雪季前各做一次就可以了。做好了封釉美容加底盘防锈护理等于给汽车外部加上了一层防护层，确保汽车安然度过冬季的恶劣气候。

3 车内桑拿——高温除菌好帮手

桑拿浴近年来在都市十分盛行，它不但可使人消除疲劳，还兼具祛病健身的功效。现在，这个方法也被引入了汽车美容领域，成为这个季节较为流行的保养项目。喜欢吸烟的朋友，车中总是有一些难以去除的异味。不仅如此，一些真菌和细菌也会在脚垫下、缝隙里滋生，二手车这种情况更加明显。这时候做一下"车内桑拿"是一个不错的选择。和桑拿浴一样，车内桑拿也是将高温水蒸气充满车辆的内室。我们的皮肤在洗桑拿时毛孔会扩张排出污物，车内的织物纤维组织和皮革组织、橡胶也是一样，蒸过一遍以后，就可以将附着在表面的污垢擦去。反复3次以后，再用加入除菌剂的净水擦拭，将真菌和细菌除去，最后再完全用净水擦。在蒸桑拿的过程中，车主还可以根据自己个人喜好选择添加不同香型的香水，香味可以保持1个月左右。

此外，汽车美容中的内装清洁环节也非常重要。通常消费者会发现，许多汽车美容从业者对于外观可以处理得相当不错，但对于汽车内装的清洁处理，基本上就是用吸尘器、抹布加水清洁内表、坐垫、脚踏垫、仪表板等。其实，汽车内装材质包括了绒织布、塑件、皮质等等，需要采用不同材质适用的清洁剂、保护液等做处理。而市面上非专业的从业者对此方面通常不够重视，如果爱车内装清洁不能得到妥善处理，将导致内装积垢，影响车内空气品质，甚至引起腐蚀。因此消费者在给爱车做美容保养之前，应询问经营者是否有专门处理内装的服务。

省钱指数：	★★★★
实用指数：	★★★★

爱车装饰，重个性更重实用

在男车主们大搞个性化汽车装饰的同时，女车主们也自然不甘落后，为了把这个流动的小家装出特色，她们会把搞家装时的聪明才智巧妙地运用到新车的装饰上，亲自动手将爱车打扮一番。女人天生特有的审美能力可以很好地帮助她们挑选汽车饰品，展示自己与众不同的个性魅力。不过，汽车装饰毕竟不同于家装，在注重个性的同时，更要重实用。要提醒女车主们的是：在你尽情给爱车做装饰时，还应注意多结合女性自身的特点，在小处上多花点心思就能把自己照顾得更周到。下面就为你介绍几款很适合女士用的汽车装饰用品。

❶ 别致眼镜夹

造型时尚的太阳镜对于女性来说，除了一般的遮阳功能外，还是一件很不错的装饰物。即使没有了阳光，也能把它别在头上，当个漂亮的发卡。不过开车时，最好还是帮它找个合适的地方安置一下，免得它滑落下来，影响了你行车。现在市场上有各种造型别致的眼镜夹，可以固定在汽车仪表台上，不用太阳镜时，就把它夹在眼镜夹上，既是个不错的摆设，又能方便你随时取用。

❷ 方便鞋盒

聪明的女性会根据不同场合，搭配得体的衣服与鞋子，使自己总能充满自信，时刻散发迷人光彩。但是不能忽视的是，一些设计时尚的女鞋却并不适合开车时穿，高高的后跟、尖尖的鞋头以及没带的皮拖鞋都会让你无法准确进行脚下操作，更会给行车带来危险。所以，选择汽车装饰用品时，你不妨随手挑选上一个方便鞋盒，塞进汽车内，再放一双舒服的平底鞋，开车前换上，这样再开起车来也就舒服多了。

❸ 精致化妆镜

爱美是女人的天性，为了给别人留下好印象，相信没有哪个女人愿意自动放弃照镜子的权利。因此，许多女性都有随身携带化妆镜的习惯，目的是能方便自己随时检查妆容是否整齐。那么，对于开车的女性朋友来说，可以选择个能安装在遮阳板上的精致化妆镜，这样在你等红灯的时候，自己也能抽空揽镜自照一下。不用的时候，把遮阳板一合，别人也发现不了，多方便啊。

❹ 卡通储物袋

据说女人爱吃零食是因为零食能给她们带来好心情。有这个习惯的女车主，可以很体贴地给自己选个漂亮的卡通储物袋，放在车里，既能当个不错的装饰品，又能把爱吃的小零食统统放进去藏好。等到路遇堵车时，拿出来解解馋，很可能就冲淡了堵车带来的坏心情。

5 指南针

方向感不强似乎是很多女性的通病，为了不在开车出远门时，因为迷路而给行车带来麻烦，最好的办法就是在汽车的仪表台上，加上个准确的指南针，这小玩意，能随时帮你认清方向。

6 汽车坐垫

身材娇小的女车主，在坐进驾驶室时，常会把座椅位置过多地向前调整，以便让自己尽可能地看到车头前方的情况，但这样做的结果，会使身体与方向盘距离过近，对行车安全来说是很危险的。所以，你不如试着用汽车坐垫来改变这种情况，在汽车坐垫的增高作用下，不用调整座椅也能看清前方的情况，同时，还能让安全带更好地起到保护作用。

省钱指数：	★★★★
实用指数：	★★★★★

车装反季买，经济又实惠

车主朋友都知道，除了购车之外车装要算得上是一笔不小的开支。从最初的贴膜到内部的一些小装饰，一整套装下来花上万元左右并不夸张。如同商场超市的换季、反季服装销售一样，一旦进入9月，一些夏季汽车用品开始淡出汽配市场。这个时候在汽配市场我们可以看到，不少夏季汽车用品开始打折，比如汽车坐垫、太阳膜等，此时购买能便宜三四元。如果算好账，把夏季该购买的汽车用品都在换季的时候一口气采购完，大概能比平时节省个一千多元呢！

1 “尾货”中淘实惠

在汽配装饰市场里，经营秋冬季汽车坐垫、座套的商家非常多，他们所售货物的产地大致为省内和江浙一带，但在产品售价方面差别很大。虽然汽车坐垫、座套产地不同,但在用料和工艺上大致一样。追求时尚的人士可以提前咨询汽车装饰店的老板,把握购买的时机和最新的样式,而追求实惠的车主尽可以去装饰店淘自己中意的“尾货”。以澳洲羊剪绒坐垫为例,在市场刚上货的时候,商家备货较充足,市场零售价在1000~1500元,而旺季到来的时候则能上浮200元左右,随着天气变冷涨价幅度又会上升;但是在反季节,商家积压的少量旧款则相当便宜。

除了汽车坐垫、座套的换季比较明显外,脚踏垫、抱枕等车内用品也以较强的实用性赢得车主的芳心。目前市场上流行一款多功能抱枕,和家用的靠枕一般大小,但是“内容”却比较丰富:叠起来是一个靠枕,打开就变成了被子和枕头。填充物有太空棉、丝绵、驼绒之分,价格从几十元到100元不等。

2 购“尾货”打对折

要说汽车用品的反季节购买,从汽车装饰市场的实际情况看,太阳膜是位居第一位的。到了秋天,天气逐渐转凉,诸如凉垫、遮阳用品、雨挡等夏季汽车用品,不少车主早在7月份之前已经购置完毕,之后再到汽车装饰市场购买此类用品的日益减少,喜欢淘实惠汽车用品的朋友正好利用这个季节差出手。目前汽车装饰市场上的凉垫大多还没下架,对于商家来讲,能卖就卖,不能卖明年再拿出来重新销售,所以,很多商家的心态是快速出货!在一家汽车装饰店看到的标价600元的凉垫,这家装饰店的老板300元都愿意出手。亚麻、冰丝、棉线等材质的凉垫仍是市场的主流,也会在近几年内保持流行,对于不很追求时尚的车主来说,现在可以出手以低价买一套来年的夏季装备,划算得很。至少,未来一个月,凉垫还是不可缺少的。

省钱指数:	★★★★★
实用指数:	★★★★

车内清洁自己动手

光布置好了小车是不够的,还要学会好好养护这些设施。因为脏兮兮的车内饰品不仅会影响视觉效果,还会给车内人员的健康造成危害。通常一些小饰物只要拆下清洗就行了,但大件的物品清洁起来很麻烦,所以很多开车族就宁愿去汽车美容店去付费清洗。其实这部分消费完全可以避免,工薪阶层如果掌握一些清洗的诀窍,不仅可以省去大笔消费,还可以趁此机会锻炼身体,舒展成天蜷在车内的酸疼的身体。

1 清洁地毯

汽车驾驶室内最容易脏的就是地毯。汽车本身自带的地毯基本上是与车体压装在一起的,不容易拆下来清洁,因此最好在车内底板放置活动的脚垫。如果脚垫不太脏,拿到车外拍打即可。地毯脏污后,就只能用洗涤剂清洗了。在洗涤前,先进行表面除尘工作,然后喷洒适量的洗涤剂,用刷子刷洗干净,最后用干净的抹布将多余的洗涤剂吸净、擦干就可以了。

2 清洁座椅

清洁座椅上的污渍首先使用长毛的刷子和强吸力吸尘器把污物吸出来,然后用毛刷子清洗较脏的局部,如大片的污渍等,最后用干净的抹布蘸少量的中性洗液,在半干半湿的情况下全面擦拭座椅表面。

3 清洁转向盘

汽车转向盘的材质大致分为3种:氨基甲酸乙酯、皮革及木质,其中大部分是氨基甲酸乙酯,比较容易去除脏污,但高级车采用皮革的很多,难以去掉脏污,如果不及时清洁,就会慢慢导致皮革变色。木质转向盘表面进行了树脂处理,脏污很容易脱落,但木材变旧后,树脂也会产生裂痕。因此,转向盘表面的清洁和养护很重要。转向盘需要清洁时,只要用水擦拭就可以了,如果再加一点中性清洁剂,就更加容易去污,但要注意及时将表面的水分擦拭干净。

4 清洁变速杆手柄

大部分变速杆操纵手柄用树脂制作, 只要用干净毛巾喷上中性清洁剂后擦拭,即可去除脏污。驻车手制动器手柄底部容易堆积灰尘,平时需注意及时擦拭。

5 清洗中央控制台

驾驶人员的手经常接触中央控制台，手上的油污就会沾染到中央控制台上，所以一定要及时清洗干净。清洗中央控制台只需要干净的抹布、中性清洁剂和水即可，切忌用温热水浸泡后的抹布擦拭。

要注意的是：选择清洗剂种类时，最好斟酌清楚，劣质洗剂会使塑料褪色，若使用不当，有可能导致中央控制台的颜色脱落。如果采用防静电型塑料专用清洁剂，效果会好一些。清洁时还要准备一些棉签。因为中央控制台的形状五花八门，常常会有一些细缝，用手无法直接清洗干净，必须使用棉签蘸清洗剂才能清洗干净，若清洗后再使用小型空气喷枪吹洗，效果会更佳。另外，清洁仪表板时，一定要用柔软的抹布蘸取专用清洁剂擦拭，这样可以避免仪表板表面出现划痕。其他不太引人注意的部位也需要注意清洁，如门拉手凹槽，只要用硬海绵蘸上多功能清洁剂擦拭即可。

6 清洁安全带

安全带过脏，使用时会污染驾驶者的衣物甚至影响其安全性能的发挥。清洗时不必拆下安全带，应先用淡肥皂水擦洗，然后用清水洗净。洗净后不要立即卷起安全带，而应在荫凉处晾干后再放回原位。清洁时要注意不要使用强洗涤剂、漂白粉和化学清洗剂，也不允许将安全带放在阳光下暴晒。

7 清洁行李箱

首先用吸尘器吸去表面浮物，然后用地毯清洗剂清洁底部垫板，待其晾干后即可。需注意的是：应将放行李和杂物的行李箱内部表面清洗干净后，再将物品放回。

省钱指数：	★★★★★
实用指数：	★★★★★

除味小妙招，有效又便宜

每年的五六月份通常是汽车销售旺季，而消费者买车后面临的第一个难题就是清除车内异味。据了解，车内异味的主要成分是甲醛、苯、氨等有毒气体，它们来源于车身油漆、中控台塑料或皮革材质、黏合剂以及化纤装饰板等，气温越高气体越浓。长期吸入这些气体，严重危害驾乘人员的身体健康，特别是孕妇和孩子。针对这种情况，有关专家给你支几个妙招，效果明显且成本低廉，你不妨一试。

1 水果去除法

水果是天然的空气清新剂，比如柠檬、菠萝、橘子，它们的气味大，易于吸收车内有毒气体，清洁空气，把水果切开或切片放置效果更好、更快。但要提醒你的是：用水果去除异味要勤于更换，还要避免儿童误食。

2 活性炭去除法

活性炭有很强的吸附性，能吸收空气中的有毒气体。因此也可以用木炭吸收异味，其净化效果也很好，且价格低廉。将活性炭用透气性好的纱布包好放置于后备厢，最好多准备几包，轮流交替使用，直到车内的异味没有为止。

3 食醋去除法

新车的异味往往是车内空气有污染的信号，可能正在释放甲醛和苯这些有害物质。在你不用车的时候，打一小桶清水，再加一些醋，放在车里，多试几次，异味就逐渐消失了。这是因为：水可以吸附甲醛，醋比甲醛更容易挥发，可以起到稳定甲醛的作用。忍受醋的味道总比忍受甲醛的味道要好得多。

4 通风散热法

当车窗紧闭时，狭小的空间使得异味变重，开窗透气使空气流通，方法简单但效果明显。当汽车在冬天开空调或者是夏天被日晒后,车内难闻气味都变得更加明显。这是因为甲醛和苯在温度高于30℃的时候释放量会随之增大,所以散热确实是个可行的方法。

5 香水少用酸性

需要特别提醒的是:为了去除新车内的异味,大多数开车族会选择安装香水座。实际上,香水在一定程度上只能起到掩盖异味的作用,只有根除有毒气体,香水才能发挥作用。在这里也要提醒开车族朋友,选择香水也有讲究,中性、清淡的香水使用效果更好;而呈酸性或香味浓烈的香水,不但起不到净化空气的作用,还易产生霉变,适得其反,消费者选购时应该注意。

6 减少异味的产生源

根除异味的最好也是最实用的方法,就是尽量减少异味的产生源。比如发霉的脚垫、座椅、衣物、烟灰缸里的烟灰、烟头等。这些杂物的味道混杂在车厢和蒸发器内。尤其是夏天如果将汽车停在太阳底下,车厢内的温度将高达60℃左右,味道会变得更怪,更难忍受。所以要坚持经常清理车厢和后备箱,尽量不要把鞋、衣服、脏抹布等长期放在车内,水果、零食也要及时带走。杂物箱、烟灰缸等要经常清洁,在车厢内吸烟时要关闭空调打开车窗。

省钱指数:	★★★★★
实用指数:	★★★★★

汽车美容,当心陷阱

当越来越多的人拥有私家车时,汽车美容店的数量也在不断增长,但是由于消费者在汽车美容上没有足够的经验,这就使得一些经营者有空子可钻。为此,笔者在此列举了以下五大汽车美容陷阱的经典案例,提醒广大消费者注意避免。

1 经营范围不清

经典案例:在一家高挂“汽车美容”招牌的店面内,经营业户在3间相连大屋中公然经营洗车、轮胎检测和维修、汽车饰品销售、汽车装潢等业务。

专家提醒:由于经营门槛低、缺乏规范,目前汽车美容店规模参差不齐,一些街边规模较小、档次较低的摊点尽管没有达到条件,仍然盲目上马经营。春节期间汽车美容市场生意火爆,个别小店铺打起“擦边球”,超范围经营,其实并无该项业务经营资格。

2 “来历不明”产品混迹市场

经典案例:部分汽车美容店内销售的汽车倒车装置、汽车音响系统均没有中文厂址,店家说是进口产品,并向消费者索要高价,事实上,经营者往往不能提供报关手续。

专家提醒:没有中文标志的产品肯定不能在市场销售。消费者一定要选择具有汽车饰品和配件零售经营资格的商家购买产品。购买产品时,要检查产品有没有合格证。

3 偷梁换柱以次充好现象多

经典案例:春节前,市民胡先生花千元高价买了品牌汽车防爆膜,但一场大雪后,产品严重褪色,检测后他才知道自己购买的是仿冒产品,成本不过数十元钱。

专家提醒:给汽车美容要警惕“挂羊头卖狗肉”现象。汽车美容装修的利润主要来自原料差价及工时费。为了赚钱,不法业主常常以次充好,用劣质产品降低成本,或在现场测试时用的产品质量上乘,但最后安装到汽车上的却不是工作间里测试过的,而是私下里进行了偷梁换柱。

❹ 技术不专业花钱“毁面子”

经典案例:林先生为了保养爱车的容颜,挑选了一家看起来还算正规的美容店,花了400块为汽车做了一次车身封釉,刚做了美容的车子果然是光彩可人,林先生十分满意。店家承诺,做了这次车身封釉可以维持一年的时间,可没想到才过了一个多月,林先生的爱车就已是容颜黯淡,光彩不再了。后来经朋友一说才知道,原来自己是花高价为汽车打蜡了。

专家提醒:一些店铺挂着美容中心招牌,主要目的却是为了推销汽车养护用品,根本没有具备专业知识和技术的工人。个别不负责任的店家用过硬的抛磨轮和含金刚砂的粗蜡进行打磨,虽然车身马上有了亮的感觉,但由于工具和粗蜡的切削力强,容易将车漆打薄甚至打穿,露出底色,车主花了钱却让爱车“毁面子”。

❺ 装饰价格没有“谱”

经典案例:刚刚购买了新车的李女士想要为汽车订制一套真皮坐垫,都说要货比三家,于是她走访了几家拥有同样真皮坐垫的美容店。出乎意料的是李女士发现,在不同的店内同样的产品价格居然是天壤之别,最高差价达到了千元以上。其中一家店说自己店内的坐垫是进口的,一套2800元,但是在不远处的另一家汽车美容店,这套坐垫报价为1500元。

专家提醒:汽车美容装饰市场价格弹性很大,装修项目和用品繁多且价格悬殊。因此,消费者对汽车装饰应该保持冷静消费,尤其是一些大的装饰消费项目,最好多找几家信誉好的美容店侦察一下。另外专家还提醒消费者对汽车美容装饰和用品购买要讲究可靠、实用、经济,不要盲目追求高价。

省钱指数:	★★★★★
实用指数:	★★★★★

这样改装更省钱

一辆花了很多钱却很庸俗的改装车，绝对不会得到车迷的认同。相反，只要你有心，花不多的钱也能让你的爱车与众不同，让路人啧啧称赞。

1 车身装饰件

在汽车精品店会有各种各样的汽车装饰件，自己选择一些装在车上，比如金属饰片、排气管罩、灯眉之类的，就可以让汽车醒目很多。不过加装车外饰的原则是不能多和杂，只要选择几样，画龙点睛就行了，多了反而会喧宾夺主。

2 在仪表板上放个指南针

对于方向感不强的驾驶者，或经常跑长途去陌生地方的车辆，可以买个指南针放在仪表板上，当搞不清方位时，可以参考指南针的指向。有了指南针后，你的行车大方向不会有错，即使绕道也不会绕太远，以避免你走错道。在陌生地方迷路的后果是很严重的，不仅耽误时间，还会增加不少油耗。

3 车身拉花

车身拉花是最出彩的外形改装，一台没有任何改装的车如果配上一套漂亮的车身拉花，也能立刻成为马路上的焦点。拉花的开销弹性很大，如果图省事，可以从设计到制作全交给专门改装店，不过花费在千元以上。若你愿意花一些精力和心思，自己设计或者收集图标，再交给招牌店制作的话，就便宜多了。

4 贴遮阳膜可减轻空调负荷

在车窗玻璃上贴一层遮阳膜，一般能阻隔99%的紫外线，夏天能挡掉高达50%~80%通过车窗进入车内的热量，夏天停放在阳光下贴有遮阳膜的汽车内部可以比没贴膜的汽车内部的温度低4~6℃，这样可以减轻空调的工作压力，节省燃油消耗。另外，贴太阳膜后还能提高车辆的私密性，甚至有利于防盗。

5 加装空气扰流组件

“空气扰流组件”也就是俗称的包围，是对车子外形改装的主要内容，其根据材料不同，分为玻璃钢、树脂和ABS，价格也依次增高。从省钱的角度，完全可以选择前两种材料，不但外形漂亮还易于修补。购买时要注意货比多家，一般在2500元以内就能搞定，此外，尽量和商家谈好包喷漆，又可以省下一大笔开销。当然，对于省钱族而言，大包围并不是最好的选择，其实选择一些小包围和裙边也能把车子变得很酷，而且不但不改变车身结构还能省去一半以上的开销。

6 不要相信任何节油器

现在汽车配装市场上充斥着多种节油器，但却并不可靠。可以想象，如果这些节油器真的能节油，早就被汽车厂家安装在汽车上了，岂能只在汽配市场上销售？现在发动机技术已进步到很高的程度，再取得一点点进步都非常难，尤其是在节油技术方面。现在比较主流的发动机技术，如可变气门、缸内直喷、涡轮增压、可变排量等，凡是你知道的发动机技术，都是为了节油，都是想用最少的燃油产生最大的动力。能让燃油降低1%的技术，都是非常伟大的进步。号称能节油5%甚至10%的节油器，怎么可能是真的！

7 车顶行李箱尽量小巧呈流线型

当车顶上需要装载行李箱时，尽量选择小巧的流线型李箱。如果车顶行李箱太重，或形状不好，那么它对油耗的影响会增大，尤其是在高速行驶时，车顶行李箱产生的空气阻力会较大，甚至影响汽车行驶的稳定性。另外，在使用时还要注意它的前端是否关闭严实，以防增加更大的风阻或造成安全隐患。

省钱指数：	★★★★★
实用指数：	★★★★

性能改装：少花钱多办事

汽车性能改装是一个很专业的领域，如果你做一番专业的改装，开销一定也不会少，比如高性能的车胎车铃都在数千元，换套刹车系统动辄上万，对于涡轮增压之类，没有几万元是不要想的。不过也千万别被吓跑，其实改车也有省钱的办法，很多改装项目开销不多，但效果还是很明显的。

1 进气改装

最省钱的进气改装就是换原装位大流量风格，可以使车子进气更为顺畅，对动力性有所提升，油耗据说也有所下降。关键的是很多大流量风格是可以清洁反复使用的，算下来开销还小于原厂风格。最低费用200元。

2 点火系统

更换高性能火花塞是点火系统升级的最直接办法。更换铂金等贵金属火花塞后，点火会更加稳定，对于动力性有所提升，而且火花塞的寿命也比原厂高得多。最低费用在300元以内。

3 电子回路

对于电子回路的改装可以使车子点火更加稳定，也可以保障大灯音响等电子配备的正常工作。电子回路的主要改装是加装地线和稳压器，这两种装置都可以自己DIY，最低开销不到200元。你也可以去买成品，价格也较为实惠，几百元就可以搞定。

4 刹车系统

刹车改装是汽车改装的重要项目，专业人士改车一般首要改的就是刹车。不过庞大的刹车改装开销不是我们这里要讨论的。其实提升刹车性能也有省钱的办法。比如更换质量更好的刹车片，几百元的开销能使性能明显提升。此外对于刹车太硬的情况，可以加装三段式刹车助力系统，开销一般在300元以下。

5 操控性能

加装前防侧杆可以提高车架刚度，减少车身侧倾，开销也不大，视材料不同一般在300元以内。此外，现在流行一种加在悬挂弹簧上的缓冲垫胶，价格很便宜却能够对于弹簧有所加强，提高了车子的操控性能。

省钱指数：	★★★★★
实用指数：	★★★★

汽车改装小心误区

面对名目繁多的改装项目，专家建议选择适合自己实际使用需求和车身状况的改装项目，而不要盲目跟风。

1 胡乱改装发动机

现代的发动机是越来越复杂，而且都是由电脑控制工作的，要想改装发动机，一般都要重新调节电脑控制程序。因此，不要为了提高动力输出性能而对发动机进行改装。不论怎样，如果最终结果是使发动机的动力输出增大了，那么它的代价之一一定是燃油消耗增加。况且，如果改装技术较差，还会造成发动机性能降低，甚至毁坏。

2 改装音响“多多益善”

一些朋友改装汽车音响时认为安装无线遥控、多碟转换器等辅助设施可以提升汽车音响的实际效果。其实，音响的主机才是整个音响系统的原声，是决定音效质量的核心所在。同时，喇叭、分音扩大器、超重音箱等也对音响的整体效果有重大影响，如果忽视其中的任何一个环节，就算安装数量再多、功能再复杂的辅助设施，对于提高音响的实际使用效果来讲都无济于事。

3 隔音要彻底

一些车主在做汽车隔音时过度追求隔音效果，要求将隔音做到极致，甚至希望听不到发动机的声音。我们可以想象，如果驾驶者听不到来自道路和动力系统的声音，就会失去对路况和车况的相关信息的获取和判断，影响到行车的安全。汽车隔音改装的最终目的，并非是要消除所有声音，而是消除噪音。

4 抬高底盘

一些越野汽车喜欢将底盘抬高一点，换用较大尺寸的轮胎，采用行程更长的减振器，这样可以拥有更强大的通过性。但这样改装的弊端是增大了流过车底部的空气，使车底部所受的空气阻力增大，从而增加汽车行驶时的空气阻力，自然也就会使汽车的油耗量增加。

5 盲目加装尾翼

加装尾翼如今也成为了风尚，但并不是所有车型都适合安装尾翼，因为尾翼的作用在于增加车身的稳定性，对大排量的车来说或许是一个较好的方式。但对于小排量车型来说，安装尾翼则会对车速产生一定的影响。另外，尾翼属扰流部件，如果想单纯加装尾翼以达到夸张或美观的效果，则会对汽车性能起到一些反面作用。

6 车顶上安装行李架

不论是什么车型，车顶上最好不要放置任何东西，除非你不得不这样做。因为车顶上的东西不仅增加车载重量，而且会增加汽车行驶时的空气阻力，影响行驶稳定性。即使车顶行李架，也尽量不要安装，因为它也会增加燃油消耗。据美国能源部公布的数据，车顶行李架可以使汽车的燃油消耗增加5%左右。

7 为装“大包围”拆保险杠

有些朋友为了使车辆的外形更为美观大方，为爱车安装“大包围”。加装“大包围”确实会使整车的线条看上去更为流畅，但有些朋友过度“爱美”，在安装时不是将“大包围”组件装在原车的保险杠上，而选择拆掉原车保险杠，然后再安装。这样的话车是变漂亮了，但安全性能也大大降低，这是不可取的。

8 加装大口径排气管车会跑得更快

对速度的追求是很多朋友的梦想，部分车主认为加装大口径排气管可以让汽车拥有更强劲的动力，在声音上也显得气派。有汽修专家表示：单纯更换排气管对于动力提升效果不大。

省钱指数：	★★★★
实用指数：	★★★★

第三章　护车有道

有效养护省大钱

随着汽车技术的发展，虽然汽车的使用寿命和无故障里程越来越长，但定期维护是不可或缺的基础工作。业内也有"三分开车、七分养车"之说。车主需按照"预防为主、强制维护"的原则，只有不嫌麻烦、不省小钱，在全寿命使用过程中对爱车做到经常检查、定期保养，对问题早发现、早解决，才能达到以保代修，终身不大修的目标。

养护用品要备齐

养护车辆，不单单是准备几件工具就万事大吉了，还需要很多消耗品，才能达到养护的目的。所以，养护用品一定要准备齐全。

1 化油器清洗剂

爱车在使用一段时间之后，在节流阀（或化油器）、组风门和多种控制器的多个部位都会产生油污沉积，这些沉积物大多为焦油、脂类、沉积铅和灰尘等难于清洗的物质。化油器清洗剂采用强溶剂高速冲洗的办法彻底将污垢清除，达到保养爱车的目的。

2 螺丝松动剂

爱车在使用中，许多螺栓和零件（如轮胎螺栓、转向球头螺栓等）会受到空气中的水分以及其他污染物的侵蚀而严重生锈，最终无法拆卸，给你的维护带来不便。螺栓松动剂，又被人形象地称为“液体扳手”，它对于溶解及松动脏污、锈蚀严重的零件和螺栓有奇特的效果。

3 车用多功能油污清洁剂

该清洁剂中含有多组分活性剂配方，具有超强的渗透能力，可以让油污迅速融化、脱离，从而除去爱车上的油渍和污垢。

4 车蜡

车蜡几乎是每一位有车族必备的养护用品，它可以对车漆起到上光、防紫外线、抗高温和防水等多种作用。购买车蜡也有选择诀窍，车蜡的选择应根据车蜡的功用特点、车辆本身的新旧程度、车漆颜色以及行驶记录等因素加以综合考虑。一般来说，新车最好使用彩涂上光蜡，这样可以保护车体的光泽和颜色；对于一般的旧车，使用普通的珍珠色或金属漆系列车蜡就可以了；在炎热的夏季，你就应该为爱车用上防紫外线的车蜡；如果行驶环境较差时，则应该采用具有保护作用的树脂蜡了。

5 底盘装甲涂料

在目前的中低档汽车市场上，厂家为了节约成本，新车出厂时对底盘的处理都非常简单。有些车只喷了薄薄的一层车底涂料，有些车型甚至只喷了局部，而国产车则几乎不喷。当然，在正常的气候环境和地理条件下，原厂所做的防锈措施还是可以对底盘起到一些保护作用的。但是如果发生异常情况，这些简单处理就无能为力了。而底盘装甲涂料则可以有效地解决这个问题，它可以对夏日地表的烘烤、酸雨的侵袭、路上沙石飞石的撞击以及冬季雪道上除雪剂的腐蚀等起到很好的防护作用。

6 巧用生活用品

生活离不开汽车，汽车服务于生活。我们一些日常生活小用品在汽车上，特别是汽车维修上有妙用。笔者列举几例，不妨一试。

洗衣粉：洗衣粉加锯末，可清洁较脏的底盘油垢和修车后的双手，助你轻松去油。

牙膏：因为牙膏中含有研磨材料，如汽车气门与气门座之间，柴油车的“三大精密偶件”需要研磨时，牙膏是极好的研料。若汽车仪表灯镜上有轻微划痕，用牙膏擦拭，效果也极佳。

活络油：属医用治跌打损伤的擦剂，用在清除汽车上的沥青污垢，方便有效不留痕迹。

易拉罐：如健力宝等铝制品易拉罐，做汽车上的垫片或简单改成加机油加水的漏斗，是不用花钱的好材料。

厨用洗洁精(剂)：无毒无腐，用来代替汽油、煤油清洗汽车上的零部件，特别是橡胶品小配件有奇效，洗后不变形不发胀。洗手洗工作服更是一绝，轻轻摆动，干干净净。

饮用太空水、纯净水：根据测试，时下市场上出售的太空水、纯净水饮料，符合电池用水，所以可用来补充蓄电池，以防液面高度过低造成硫化。

省钱指数：	★★★★
实用指数：	★★★★

清洁用品应慎选

洗车不仅仅是为了让爱车光鲜一时，更主要的是为了保护爱车的车漆，延长漆面的使用寿命，减少风化、酸雨、高温、强光等给爱车造成的影响。如果不及时将这些因素消除，就会在爱车的漆面产生极难处理的印痕。在清洗汽车时，由于汽车表面各部位的材料质地、形状的不同，应选用合适的用品。常用洗车用品有水源、海绵、毛巾、浴巾、鹿皮、板刷等，特种清洗还需要除锈剂和除油剂。

1 水源

很多有车族在自己洗车时，往往不重视水源，一桶污水倒上去，车身表面看似干净了，但却帮了倒忙，甚至对车表产生了损伤或腐蚀。通常情况，我们使用的自来水对洗车来讲是合乎用水标准的。

2 洗涤剂

洗车除了用水外，还要用到洗涤剂。有些车主贪图便宜或省事，使用普通的洗衣粉和肥皂，这是万万不可的。因为汽车油漆的耐酸、碱的能力为pH值8.0，而普通的洗衣粉和肥皂的pH值为10.3~10.9，长期使用的话，会对漆面造成损害，轻者失去光泽，严重的可能被烧蚀。因此，自己洗车时，更要选择正规品牌的洗车液。这种洗车液一般都是中性的，且添加有天然车蜡，可除去车体静电。如果你实在找不到专用的洗车液，也可以用好的餐具洗涤剂来代替。

③ 海绵

海绵在洗车作业中主要用于擦拭车身，它具有良好的弹性和吸水能力，对保护漆面及提高作业效率很有帮助。一般用于洗车的海绵是有特殊要求的，除良好的弹性和吸水能力外，还要求具有一定的韧性、抗拉强度和耐磨性。

④ 毛巾和浴巾

毛巾和浴巾是洗车中的易耗用品，主要用于擦拭车身。为了保证清洗效果，在擦拭过程中毛巾或浴巾不应有细小的纤维脱落，而普通毛巾和浴巾难以满足这一要求，所以最好选用无纺布制品。

⑤ 鹿皮

在洗车作业中，鹿皮的使用相当广泛，这不仅因为它质地柔软，利于漆面的保护，更主要的是它具有良好的吸水能力，尤其是对车身表面及玻璃水膜的清除效果极佳，但其主要是用于擦干车表。在选用鹿皮时，应尽可能选择较厚的、皮质韧性好、耐磨性好的产品。

⑥ 板刷

板刷主要是用于轮胎、挡泥板等处附着的泥土污垢的清除，由于这些地方不易冲洗干净，所以要有针对性地进行刷洗。板刷一般以鬃毛刷为最佳，鬃毛板刷不但具有较好的韧性和耐磨性，还可以减轻刷洗过程中对橡胶、塑料产生的磨损，而塑料纤维板刷一般不提倡使用。

省钱指数：	★★★
实用指数：	★★★★

汽车保养也分“年龄段”

不论什么牌子的汽车，不论它产自日本、美国、欧洲、韩国还是中国，在使用过程中都会遇到零配件耗损问题。最明显的就是汽车轮胎，在公路上跑动久了，橡胶会越磨越薄，汽车的其他部件也会因长期使用而“寿终正寝”。所以，爱车保养尤其要注意这个关键。车的寿命也和人一样，可以分为3个生命阶段。

1 1~4年：车的“青少年期”

一辆车在使用的头两年是生命的巅峰期，只要进行常规保养，基本上不会有什么问题，但两年以上的车子就要开始更换一些最易损耗的部件了。

刹车皮：车子使用两三年就需要更换新的刹车皮。当一辆车子送去维修时，首先要检查它的刹车皮，因为刹车皮是驾驶安全的首道防线。根据经验，刹车皮大概在两年左右就会磨尽，当然，准确的使用期得视驾驶者的习惯而定。如果你是那种喜欢踩很多油，然后在关键时候猛力踩刹车的人，刹车皮的磨损肯定会比较厉害，寿命也就比较短。

燃油泵：一般而言，车子开到两年多的时候，燃油泵也差不多该清洗或更换了。

减振器：车子到了三四年的时候，跑起来可能就没有新车那么平稳，遇到这种情况，应该检查车子的减振器。减振器的作用是为了减少车子的振动，它是悬挂系统的一部分，如果减振器的弹簧不再有弹性，在高速行驶时就会抖动得很厉害，下雨天尤其危险。

2 4~7年：车的“中年期”

这时的车子就像“人到中年”，很多东西都松了，包括车内的各种橡胶管，车盖底下的问题等。不少车主往往在车开到四五年的时候开始换车,也有一些二手车买主喜欢买这个车龄的车子。

正时皮带:开了4年左右的车子要注意正时皮带是不是该换了,一般车子在行驶了7~10万公里的时候,就应该送去换正时皮带、如果不及时更换,车子行驶到半途时,一旦皮带断裂,要付出的维修费至少数百元。

橡胶管:这个车龄的车子如保养不好,则容易出现漏黑油、漏水的问题,这是很自然的,橡胶管用旧了,总会出现老化问题。假如车主对车保养得好,可以延缓汽车的老化问题。

水缸:5年左右的车子,水缸可能被里面的化学物腐蚀,有些车子的水缸开始漏水,水缸当然就需要更换了。

定期给车子更换机油、过滤器等等,花点小钱,可以省下大钱,驾驶时也更有保障。

3 7~10年:车的"老年期"

由于汽车寿命的限定,在我国,汽车一般到了10年就该退休了,如果保养得当,爱车还能健康地如期完成使命。一般情况下,车子到了7年以后,就逐步进入老年期,到了这把"年纪",那些在第三年和第四年更换的小零件,差不多该再换一次了,比如说减振器。除此之外,大部分自动变速的车子也应该在这个时候维修自动变速箱。使用自动变速汽车的车主,自动排挡车的变速箱构造比较复杂,也比较精密,在驾驶自动变速的车子时,要想在寿命期内行驶自如,保持良好状态,车主就必须多用心,让不同排挡交替使用,该做的保养一定不能省,这样甚至可以延长自动变速箱的使用期。

省钱指数:	★★★★
实用指数:	★★★★★

简单保养自己动手

一些刚刚买车的新手和女性司机，对汽车的养护知识知之甚少，打开机盖甚至分不清哪里是装机油的地方，哪里是装玻璃水和防冻液的地方。爱车有了问题，第一反应就是送4S店里维修保养。其实，像洗车、更换防冻液和玻璃水等简单的保养工作，自己就可以轻松完成，既可省钱也不用求人。

❶ 乳液：检查机油保有量

机油是汽车的基本，所以把它比喻成护肤的乳液。查看机油保有量一点不难，把车辆停放在平坦的地方，在车启动前进行检查。首先拔出机油尺，用毛巾擦干净，然后把机油尺重新插回，过一会儿取出机油尺观察油尺平面是否在正常的平面线内。

通常情况下，油面高度应在油尺的两条刻度线之间，或上线附近。假如油面高度低于下刻度线时，就表示应该补充机油了。在观察油面高度的同时还要观察机油的质量，假如机油的颜色发黑并粘在机油尺上，或出现乳白色泡沫时就要及时更换。值得注意的是，机油不能添加过多，不能超过上刻度线。

❷ 洗面奶：自己动手洗车

由于现代人生活节奏很快，外面的洗车店又多，车子脏了就自然会送到洗车店去洗，自己动手洗车的人越来越少。其实，在天气暖和的时候，自己利用休息日亲自给爱车“洗个澡”也是一件很不错的事情，既可陶冶情操，又能加深对爱车的了解。

洗车犹如人洗脸，洗脸需要用洗面奶，而洗车也需要洗车液，所以把洗车液比喻成洗面奶也很贴切。自己洗车的时候，先把车子上的灰尘和沙粒清扫一下，然后用一块干净的棉布或者海绵蘸水擦拭。一定要用专用的洗车液，不要为方便使用洗衣粉和香皂水洗车，以防对车漆有腐蚀。自己洗车能把很细小的角落都照顾到，洗出的车子更干净。

3 精华素：检查刹车油

刹车油即汽车制动液，使车辆在高速、大功率及频繁制动的操作条件下都能有效地保证汽车制动灵活，假如润滑刹车油少了，则会影响车的制动效果，甚至可能导致刹车失灵。因此，刹车油相当于化妆品中的精华素。检查刹车油很容易，用目测法即可。假如刹车油在上限位置表示不缺刹车油或刹车片无磨损；假如刹车油在中限或下限则表示有漏油或刹车片有磨损，这时候就需要更换刹车片或进行维修了。

4 柔肤水：更换防冻液和玻璃水

防冻液和玻璃水犹如护肤的柔肤水，缺少了就得添加。自己更换时，在车辆未启动前，打开水箱盖根据水的情况来确定是否缺防冻液，假如水位高于水箱导管，在水隔附近，就说明不缺防冻液；如缺少防冻液，水箱导管就会露出水面，这就需要添加防冻液。添加的防冻液必须是专用的，而且颜色还要和原车的一样，假如混用防冻液就会起化学反应，腐蚀水箱和缸体。如果车辆缺少玻璃水，喷水口就不能喷出水来，这时就需要更换玻璃水了。自己更换时一定要看好装玻璃水的地方，看清楚装玻璃水处的警示标，千万别把玻璃水加到溢水壶内。

5 隔离霜：给爱车打蜡

车子洗完后，就应该给爱车涂上一层保护膜。车漆虽然不像人的皮肤需要每天护理，但经常打蜡是必不可少的。打蜡比较简单，自己就可以进行，车子刚刚“洗完澡”是打蜡的好时候。但要注意的是，打蜡需要在一个干净的环境中进行，应远离灰尘沙粒。

省钱指数：	★★★★★
实用指数：	★★★★★

保养爱车别入误区

消费者在购车前往往会勤于做各种功课，查各汽车品牌宣传资料，向亲友咨询，货比三家，但等到将车开回家后，往往是除了勤于清洗之外就不闻不问，以致陷入很多养车观念上的误区。下面我们就来盘点一些不正确的养车方法。

1 重维修而不保养——费钱更费心

汽车的使用是典型的“三分修理七分保养”。“只会开、不会养”，致使很多车主出现“以修代保”的行为现象，有的把维修和保养混为一谈；有的只懂得进厂维修，却不知道进厂保养；还有的认为保养是浪费等。这样用到车辆“趴窝”时才送厂内维修，会造成更大的损失。事实上很多故障，只需及时保养，就能恢复技术状况，延长使用寿命。

2 不理会保养周期表——麻烦不少

每位车主买车时都会得到一份保养周期表，被告知在什么时候该去做怎样的维护保养，但大部分车主只要感觉良好，车没出什么问题，也就渐渐将其搁在脑后了。实际上，这样会给行车安全带来很大的威胁。另一部分车主则出于以往的驾驶经验，自行缩短保养里程，比如规定是8000公里保养，自己却在6000公里时就把车开到4S店，或没到保养时间就到4S店保养，结果却是多花钱。

实际上，车辆保养不是越勤越好，厂家规定的里程数是基于对车身性能的充分了解进而才设置的最佳数据。

3 烈日下洗车——伤车漆

很多车主喜欢在烈日下洗车，认为这样洗后很快就能将车身上的水晒干。实际上，在烈日下洗车，水滴所形成的凸透镜效果会使车漆的最上层产生局部高温现象，时间久了，车漆便会失去光泽，若是在此时打蜡，也容易造成车身色泽不均匀。所以，洗车、打蜡最好是在有遮蔽的条件下进行，或者选在阴天、早晨、傍晚时分进行。

④ 洗车像洗澡——害空调

夏季气温升高,灰尘加大,车身容易脏,洗车会更加频繁。很多车主在洗车时也希望像给自己洗澡一样弄得彻彻底底。但要注意的是:一定要保持汽车空调外表的干爽,如果汽车空调不小心被弄湿,会影响到汽车空调的寿命。

⑤ 圆圈方式打蜡——效果差

很多人给车身打蜡都习惯性地以圆圈方式进行, 实际上这是不正确的方法。正确的打蜡方式是以直线方式,横竖线交替进行,这样才能达到减少车漆表面产生同心圆状光环的效果。

⑥ 机油太多——出故障

当发动机油底壳中的机油不足时,轴承与轴颈等摩擦会因机油量少而致润滑不良,加剧磨损程度,甚至引发烧瓦轴事故。但是,如果机油太多,发动机在工作时曲轴柄、连杆大端会产生剧烈的搅动,不仅增加了发动机内部功率损失,而且还会使溅到缸壁上的机油增多,产生故障。因此,发动机油底壳中的机油应控制在机油尺的上、下刻线之间为适量。

⑦ 螺栓过紧——永久变形

汽车上用螺栓、螺母连接的固件很多,应保证其有足够的预紧力,但也不能拧得过紧。若拧得过紧,一方面将使连接件在外力的作用下产生永久变形;另一方面将使螺栓产生拉伸而永久变形,预紧力反而下降,甚至造成滑扣或折断现象。

⑧ 风扇皮带太紧——轴承负荷大

夏季气温过高,有的司机认为提高风扇皮带的紧度,可以提高发动机冷却效果,因此便一个劲地提高风扇皮带的紧度,造成风扇皮带过紧。其实,这样的做法是不对的。风扇皮带应该保持松紧适当,因为过紧会使轴承负荷过大,磨损加剧,功率消耗增加,同时也会使水泵轴弯曲,皮带拉长变形,寿命缩短。

9 进口轮胎——未必适用

有些人买轮胎特别喜欢强调“进口”,国外推出的新款轮胎对国内的用户来说有一个最致命的缺陷就是不适用。欧洲平整的路面与国内的路况有较大区别,适合欧洲路况的轮胎在国内难有上佳表现,特别是在胎侧的耐冲击力方面有些“水土不服”。一些国外品牌的轮胎在国内合资生产后,都根据国内道路状况在轮胎侧面增加了一层帘子布,从而大大增强了胎侧的抗冲击力。

10 新蓄电池不充电——缩短寿命

蓄电池的首次充电称为初次充电,初次充电对蓄电池的使用寿命有极大的影响。若不充电即加“水”直接使用,蓄电池的容量不高,寿命将缩短;若直接充电,也会缩短其寿命。通常蓄电池的初次充电是在加注完电解液后,用小电流充电大约1小时左右即可安装使用。

省钱指数:	★★★★★
实用指数:	★★★★★

爱车做保养,谨防被忽悠

买车之后,定期给爱车做例行保养是车主们的“必修课”。然而,由于汽修市场良莠不齐,一些“黑汽修”瞅准了车主普遍缺乏汽车养护知识的弱点,在顾客保养车辆时增加不必要的项目,或缩短配件更换里程,以牟取利润,而多数车主由于不了解真实情况,被骗了都不知道。以下是汽车保养时一些商家惯用的“忽悠”伎俩。

1 换三滤

我们通常把空气滤清器、汽油滤清器、机油滤清器合称为三滤。很多车都是每5000公里左右做一次保养,有些修理厂每次保养时都会建议换三滤,这样可以创造更多的利润。更有些修理厂,总会偷工减料地最多只给换两个,省下空滤是经常的事,有时汽滤也被省略。

实际上，汽车厂家多要求5000公里换一次“三滤”，但这也要视车子的使用和保养情况而定。如果车子常年在小加油站加油，跑乡村土路、在山间丘陵长途行驶，2000公里就应该换一次。如果车况保养良好，在城市里行驶的话，1~2万公里换一次即可。一般来说，三滤每1.5~2万公里换一次，也就是说，保养时隔一次换一次就足够了。

2 三洗

当车不容易着火的时候，可能是节气门脏了，修理厂会建议你做个“三洗”。现在街边不少小修理店打着“专业免拆清洗”的广告，也就是所谓的“三洗”，即先用“专业免拆清洗液”清洗进气道，俗称“打吊瓶”，然后是清洗节气门，最后将化油器清洗剂喷上去，把油黑的泥垢擦下来，工时费约为100元。三洗过后，毛病果然消失了！但众多车主不知道的是：其实只要清洗了节气门，问题就已经可以解决大半了。而且真正有效果的清洗是将进气道全拆下来，像清洗抽油烟机一样洗才行，但是维修工人却不这么做，这一方面是因为操作起来很麻烦，另一方面是他们认为费事还不赚钱。

3 换火花塞

油量增大时，可考虑换个火花塞，一般修理厂会建议2、3万公里就换。其实这是按火花塞的质量而定的，普通火花塞每4万公里换一次，白金、铱金的火花塞每6~8万公里换一次即可。这里介绍一个可以省钱的办法：自己去买一个火花塞，几十元钱而已，贵的也不过上百元，再找一个中型店铺，花一二十元就可以亲眼看着维修人员装上。这样还有一个更大的好处，就是可以防止修理厂把从别人车上拆下来的半新的火花塞再给你的车装上。

4 发动机

发动机是汽车的心脏，不懂车的人对于车的“心脏病”是很害怕的，要是汽车呼呼地冒蓝烟，可是一件了不得的事情。送到修理厂，人家说发动机得大修，我们就得乖乖地把车交给他们，但他们做的，也许只是处理一下气门油封老化，活塞环磨损、卡死等小毛病而已。如果在城市中正常行驶，发动机大修要等到10~15万公里以后,感到车走起来没劲儿、提不起速度来时再说吧。

5 换机油

修理厂也有省钱的办法,换机油就是一个机会。一般捷达车大约需要机油4.5升,富康至少需要3.2升,奥拓则需要3升左右。标准是将机油加注到油尺弯区上限,即使你亲眼看见维修工将机油加到了这个位置,也并不一定眼见为实。就像变魔术一样,他让你看到的、让你相信的一定是已经有备在先的,他的准备工作在放掉旧机油时已经做好了。比如捷达,他们通常只放掉4升机油,这样在注入新机油的时候,就可以省下半升了,谁让我们没有将剩下的机油带走的习惯呢。

对于汽车的其他毛病,修理厂的诊断就更虚实难辨了,这就需要我们有一种活到老学到老的精神。

省钱指数:	★★★★★
实用指数:	★★★★★

春季巧保养,到位又实惠

一年之计在于春,对爱车来说,春季来临,温差、湿度产生变化,若不及时保养,会给爱车一年的健康使用留下隐患。千万别小看这些看不见的隐患。过了一个冬天,暴露在内外部的零件都会因为温差、灰尘、空气产生老化,有害细菌也会随温度的升高而变得活跃,爱车从里到外,都需要做一次全身的大扫除和清洁。不过车主不要做无用功,每分钱都需花在刀刃上。那么春季保养究竟该如何做得既到位又实惠呢?

1 清洁车内空气

进入春季,大多数车主都会对汽车内饰进行清洁和养护,清洗内饰后,车内立刻焕然一新,但别以为这样就算大功告成。因为看似干净的车内,其实还隐藏着许多肉眼看不见的细菌、螨虫,还不时散发出刺鼻的气味,所以需要对车内空气进行清洁。

春季车内灰尘和食物残渣容易滋生细菌和螨虫，同时春天正是呼吸道疾病多发时期，车内空间狭小，乘车人员之间最易相互传染病菌。因此，杀灭车内有害细菌是件非常重要的工作。通常来说，有蒸汽杀菌和光触媒两种方式。

蒸汽杀菌是将蒸汽机的喷汽口对准顶棚、座椅、地绒、空调风口、仪表台、后备厢，利用蒸汽机喷出的高达130℃的蒸汽杀灭车内的有害菌，并除去空气中的异味。

光触媒则是将光触媒喷洒在顶棚、非接触操作台面、车门周围，将微小物质如病菌、螨虫、臭味等分解成二氧化碳和水，从而达到杀菌、除臭的目的。

2 漆面美容护理

春季雨水多，雨水中的酸性成分对汽车的漆面具有极强的腐蚀作用，久而久之就会对汽车的漆面造成损害。因此在雨水较多的春季，应进行换季保养时，最好能给爱车进行一次漆面美容。最简单的是打蜡，更长久更有效的是进行封釉美容。无论用什么方法，都可给爱车穿上一件看不见的保护外衣，防止漆面褪色老化，让亮丽的车容常伴左右。

打蜡是通过研磨的方式将漆面细小划痕磨光来达到漆面光亮的美容方式。目前市场上的车蜡主要有两种：固体蜡和液体蜡。固体蜡一般就是研磨蜡；而液体蜡又叫光亮剂或者光亮釉，只需均匀涂抹在漆面即可。这种美容方式的优点是操作简单，车主自己就可以DIY。但打蜡的耐久性差，一般一个月左右就要打一次蜡。

封釉是通过将高分子聚合物覆盖在汽车漆面上来提高漆面的抗磨损能力，达到光亮持久的效果。其优点是保护漆面，使其能够获得光亮耐磨的效果，耐酸碱能力得到提升。缺点是耐久性一般，4~6个月以后聚合层开始逐渐瓦解，此时需要再做一次。车主无法自行操作封釉，必须由专业店进行服务。

3 座椅美容护理

汽车座椅作为使用频率最高的车内物件，座椅皮面、布套都易变脏变旧，要保持座椅干净，有以下两个解决方案。

为座椅套上布艺的座套，不仅可以随时翻新花样来适应季节和个人喜好，更可以即时更换、清洗。

若不以布套包裹就需要用专门的皮革清洗剂定期清洗。每次清洁时，需仔细对待皮革的接缝处。每隔半年对座椅皮革进行一次上光养护，就可以防止皮革污损、老化、龟裂等现象的发生。

4 两滤及时除尘

进入春季后，给汽车重要配件做清洁除尘是很重要的。汽车零件如果过脏，会导致滤清效果变差，过多的杂质进入油路气缸内，会加剧机件的磨损，增加故障发生的可能性；如果严重堵塞，还会导致车辆不能正常工作。因此，换季的时候对于这类“怕脏”的配件必须及时进行清洁维护。其中最主要的要数空气滤清器和空调滤清器了。汽车在使用中，一般空气质量较好时，按保养周期定期更换空气滤清器就可以了。但若周边空气质量较差，则应注意空气滤清器的清洁，若空气滤清器过脏，将使进入气缸内的空气量减少，造成汽车的动力性能下降，速度提不上去。

另外，空气滤清器的质量应当可靠，若过滤不清，细微灰尘进入气缸，将使活塞与缸筒之间的磨损加剧，从而降低发动机整体的使用寿命。空调滤清器在使用过程中应定期清洁或更换，不然堵塞的滤清器会阻止并减少空气进入蒸发箱，空调虽然开得很大，但依然感觉不凉，有的车内还伴有异味。车主一般可以去4S店和汽车美容店为空气滤清器和空调滤清器除去尘。

省钱指数：	★★★★
实用指数：	★★★★★

让爱车安然度夏

炎炎夏日，爱车也容易“中暑”，所以在夏季来临之际，对爱车的养护和检测自然是必不可少的。如何减少自己的爱车在夏季“发脾气”呢？

1 正确使用空调

在炎热的夏季开车，空调的重要性一下子就显现出来了，但在使用空调时要注意以下事项，以免给爱车造成损坏或者造成不必要的浪费。

空调的温度不要调得过低，一方面对健康不利，一方面还会增加发动机的压力。一般以低于外界10℃即可。

车内温度很高的时候，不要立即使用空调，而是要打开车窗，让热气散出去后再关闭车窗，开启空调。如果空调出现不制冷，或制冷效果不佳时，应及时检修。

2 防止气阻

由于夏季天气炎热，汽油机燃料系统很容易因温度升高而发生气阻现象，结果导致油路供油不足，甚至发生供油中断。为了防止气阻，可以用石棉垫将汽油泵与排气管隔开，或者用湿布将汽油泵包住来降温。

3 防汽油、水过度蒸发

夏天气温高，油和水的蒸发都会有所增加。这时就需要你随时对爱车进行检查，油箱盖要盖严，注意防止油管渗油等。对于水箱的水位，曲轴箱的机油油面高度，制动总泵内的制动液液面高度，以及蓄电池内电解液的密度和液面高度等都要随时检查，及时为爱车“解暑”。

4 防发动机过热现象

为防止发动机在高温下产生过热现象，要注意风扇皮带不能沾机油，以防打滑，且皮带要尽量保持松紧适度。如果你需要长途行驶，途中一定要选择阴凉处适时休息，并打开发动机罩通风散热。此外，轮胎气压很容易因受热而增加，这时应立即停车降温，但千万不能用放气或泼冷水的方法来降低轮胎气压和温度。

5 保护爱车漆面

在夏季阳光的暴晒下，爱车的漆面常会出现明显恶化，为此，应经常洗车和打蜡。如果你还想给自己的爱车漆面做更彻底的保护，最好还是做封釉。

6 防润滑油氧化变质

润滑油易发生受热变稀，抗氧化性变差，变质，甚至造成烧瓦轴等故障。因此，应将曲轴箱和齿轮箱里换上夏用润滑油，经常检查润滑油量、油质情况，并及时加以更换。

7 夏季也用防冻液

多数人的心目中，防冻液是专门留在冬季用的。其实不然，专业配置的防冻液不但耐低温，而且耐高温的特性也特别好。优质的防冻液在接近200℃时才能被"烧开锅"。因此，如果你的水箱里也用上些防冻液，就不会轻易被"开锅"困扰了。

8 防混合气过浓

由于气温升高，汽油容易流动，且量孔膨胀，使得汽油流量增加。而汽油一旦蒸发，会导致混合气过浓。为此，应调小量孔，调整加速装置与节气门摇臂连接的位置，适当降低浮子室油面的高度，以减少供油量。

9 下调胎压防爆胎

炎热的夏天是汽车爆胎高发的季节。由于气温高，如果轮胎质量不过关或是本身胎压过高，胎内气体膨胀后容易导致爆胎。因此，建议车主将胎压下调10%，调整到2.2千帕。另外，车主还可以为轮胎注入氮气，由于氮气是惰性气体，可减少爆胎的概率。当然，车主在这个季节更要注意对轮胎的养护，如果发现有损伤，应该及时修补或者替换。

10 雨刮器要爱护

夏季雨水的增多必然让雨刮器承担更多的责任。如果雨刮器不能很好刷掉雨水，将会给你的行车安全带来很大危险，因此对它的检查保养要更加细心到位。车主可以将雨刮开关置于各种速度位置处，注意一下雨刮在工作中是否有震动和异响，检查在不同速度下雨刮是否保持一定速度，观察刮水的状态以及刮水支杆是否存在摆动不均匀或漏刮的现象。

省钱指数：	★★★★
实用指数：	★★★★★

爱车秋季保养全攻略

俗话说“一场秋雨一场凉”，伴随着一场场秋雨，清晨起床会蓦然感到一股凉意。临近秋天来临之际，人最容易感冒生病，汽车如人，如果照顾不周，同样容易出现这样或那样的问题。在温度升降幅度加大的情况下，爱车很多外在或者内在零部件容易发生问题，及时地进行一系列的全方位保养，对于爱车平稳度过秋季、安全顺畅行驶是至关重要的。

1 防冻液不能忘

在夏季，许多车主喜欢用自来水代替防冻液。但是到了秋季，天气渐渐变凉，早晚温差加大，一旦冷空气来临，气温骤降，很有可能影响到爱车的冷却系统的正常工作，所以应及时把自来水换成防冻液，或者在夏季也用防冻液。

2 注意机油

爱车的机油应每5000公里更换一次。有些车辆在春季保养时更换的是夏季机油，那么，在秋季保养时就应该更换为同级别的防冻机油。如果你的爱车需要在寒冷的地区行驶，建议你最好更换SAE5W—40的高级机油。

3 点火系统保养

点火系统保养关乎车辆能否启动，因而应仔细检查插头部位，看是否生锈。一旦生锈，就要使用专业清洗剂处理。

4 刹车系统检测

注意制动液是否够量，品质是否变差，需要时应及时添注或更换。同时，注意制动有无变弱、跑偏，制动踏板的蹬踏力度及制动时车轮抱死点的位置，必要时清理整个制动系统的管路部分。

5 补充电瓶电解液

秋季天气转凉，发动机常常需要多打几次马达才能点火。此时电瓶需在良好的状态下工作，否则会因电瓶电量的过度消耗而造成发动机难以启动。电瓶的液位低于低液位线，则需加注蒸馏水给电瓶补充液体，同时要注意电解液不要溢出电瓶，否则可能在重负荷时从电瓶中喷出，导致腐蚀和损坏。

6 空调的使用

在秋季，空调的使用率并不高，但是如果需要的话，最好使用车内循环系统，以免落叶卷入空调的进风口，影响空调效果。此外，因为秋天的天气变化很大，可提前试试暖风，以保证车辆在冬季的使用。

7 车身漆面保养

如果车身有明显剐伤，要及时做外部的喷漆处理。油漆的作用不仅是美观，更重要的是具有防锈功能。夏季是多雨的季节，雨水中含有雨酸、加之夏天强烈的阳光照射会造成对漆面的腐蚀和氧化。因此，一定要根据车身实际情况选择清洗、抛光或打蜡、封釉或镀膜等服务。

8 车内清洁

爱车经历了整整一个夏季多雨水、天气热的日子，驾驶室内很多部件都变得潮乎乎的，加之我们平时在车内吃东西时不注意，还可能会把一些食物残渣、碎屑掉到车座的缝隙内，往往会滋生很多细菌。而且夏天空调利用率高，门窗经常紧闭，汽车室内的空气总有一种说不出的怪味。因此，在秋季到来时，应该好好给室内做一下清洁。

9 轮胎换位

在夏季高温路面上，橡胶的倾角多少都有变化，现在给轮胎换位还可以检查以下几点：轮胎内侧有无龟裂、啃胎；4条胎放在一起对比花纹深浅，检查轮毂的筋条有无裂痕等等。毕竟爱车在高温路面行驶一个季度了，应对可能出现的问题多加防范。

10 排气管提前防锈

秋季气温降低后就会发生排气管滴水的情况。因此，最好找一些涂清漆用的小刷子把尾节10厘米处里外涂刷一遍，不然即使排气管尾没有烂，也很影响爱车的形象。

11 底盘除锈

秋季汽车底盘的保养着重在除锈以及轮胎检查这两方面。底盘的金属材料在经过雨季或高温天气灼晒以后，容易出现生锈的现象，有碍行车安全。因此，必须对底盘进行除锈处理，并检查底盘是否存在刮花、螺丝脱落等现象。

12 清洗发动机

爱车跑了整整一个炎热的夏季，易使发动机内产生积碳、胶质等有害物质，并慢慢积累成油泥。这些油泥会造成发动机耗油增加、功率降低，甚至导致发动机损坏。所以换季之时，一定要对发动机进行必要的检查和清洗。

省钱指数：	★★★★
实用指数：	★★★★★

爱车冬季保养十要点

俗话说“汽车在养不在修”，因此，寒冷的冬季，家有爱驹的人们最为关心的话题也莫过于养车了。下面就是爱车冬季保养10大重点，帮助大家做好冬季爱车的保养工作。

1 雨刮器

当雨刮器被雪水粘在挡风玻璃上时，千万不要用热水直接冲洗，否则容易使车窗因为温度骤变而炸裂，并导致雨刮器变形。正确的做法是将空调开至热风，然后等待雨刮器自然化开。

2 冷却系统

冬季气候寒冷，水易结冰，因此要定期检查水箱、水泵、皮带、水管、补水罐等部件，如有损坏或故障，应及时修复或更换。不然一根小水管也可以浪费掉一桶防冻液。如果你的爱车在夏天时把节温器拆除的话，就更应该提起注意了。

3 暖风

整整一夏天，暖风都处于闲置状态，所以往往会出现故障，为此最好先试一下有没有热风、风机运转有无异响、风管是否通畅等，以便及时修理。

4 防冻液

检查是否缺少防冻液、有无变质现象，如果需要，及时补充或更换。防冻液的问题看似是小事，但对车的影响甚大，轻则堵塞管路，重则腐蚀缸体。所以要慎选慎用防冻液，一是不要混用；二是不要用假冒伪劣产品。另外，防冻液一般应每两年换一次，更换之前最好用清水把冷却系统冲洗干净。

5 机油

检查机油是否低温，有无缺少或变质。冬季冷车机油过稠，会影响启动，还会加大机件磨损。此外，热车时机油过稀会降低润滑和密封性能。要选用适合冬季的优质复合油。要在规定时间内更换机油，尤其应赶在冬季到来之前。

6 风挡玻璃

保持风挡玻璃的清晰是安全行车的基本条件。除定期检查雨刮器外，还可在玻璃水中加些风挡除冰剂，这样就可以轻易地将玻璃上的冰融化。如果有条件，也可换成防冻型风挡玻璃，以避免冬季结冰。

7 车身

进入寒冷的冬季，最好能给爱车身上加一层保护膜，以抵御酸雨、雪水的侵蚀。含有特氟隆高分子聚合物的车漆镀膜或镜面釉等均能对爱车起到很好的保护作用。

8 底盘

冬天，汽车底盘总是和雨、雪直接接触，飞驰的轮胎还会把含盐分很高的雪水甩到底盘上，底盘便易因此生锈。所以，在入冬前最好花点时间，给底盘做个防锈护理。

9 蓄电池

蓄电池最怕低温，低温环境下蓄电池的电容量比常温时低得多。因此在寒冷季节来临之前，应补充蓄电池的电解液，调节好电解液的比重。同时，清洁蓄电池的接线柱，并涂上专用油脂加以保护，确保启动，延长蓄电池寿命。如果车辆停放在露天、冷库，又或是数周不用，应拆下蓄电池，存放在较为温暖的房间内，以防蓄电池结冰损坏。

10 轮胎

轮胎橡胶在冬季会变硬且相对较脆，摩擦系数也会降低，所以轮胎气压不可太高，更不可过低。外部气温低，轮胎气压也低的活，严重可导致加速老化。冬季要经常清理胎纹内夹杂物，尽量避免使用补过一次以上的轮胎，更换掉磨损较大和不同品牌不同花纹的轮胎。轮胎内外磨损大不相同，为保证安全减少磨损，应定期给轮胎更换位置。

省钱指数：	★★★★
实用指数：	★★★★★

爱车养护从“轮”开始

千里之行，始于“轮”下，轮胎对车辆的重要性就像鞋子对我们的重要性一样。养车先养胎，汽车轮胎专家总结了以下轮胎保养的注意事项，希望能对广大车主朋友们有所帮助。

1 保持标准胎压

车主应准备一块计量准确的胎压表，以便及时检测。一般在汽车的前车门处，都会贴有厂家规定的轮胎充气标准值，高于或低于此标准值对轮胎都是有害无益的。轮胎气压低于标准值时，会使轮胎胎肩的磨损急剧增大；高于标准值时，因轮胎接地面积减少，则会使轮胎胎面中部的磨损增加，且容易引起爆胎。

2 不要忘记检查备胎是否正常

当你检查轮胎气压时，不要忘记检查备胎的气压是否正常。备胎一般都放在不好取的地方，但为了防备应用时出现气压不足的情况，最好时不时地检查一下气压。要注意的是，一些T型备胎——即比正常轮胎直径较小的备用轮胎，其气压一般会要求更高些。轮胎的标准气压值除了可在使用说明书上找到外，还可以在油箱盖内侧、车身B柱外侧等地方找到。

③ 轮胎沟槽中的异物应及时清除

轮胎沟槽较浅,更容易被异物刺穿。在崎岖道路上应减速行驶,并仔细观察,择路通过,通过后应停车检查双胎之间是否夹有石子等异物,如有应及时清除。因为如果没有及时清除,这些异物会增加滚动阻力,更有可能刺穿轮胎,尤其是行驶里程已经很长的轮胎。

在日常停车时,要小心避免将车辆停放在有尖锐石子的路面上。车辆不要停放在靠近石油产品、酸类物质及其他可影响橡胶变质的物料的地方,尽量将车停放在阴凉的地方,以免因为紫外线的刺激而加快轮胎橡胶老化。

④ 不要让轮胎粘上机油或汽油

由于自身的特性限制,轮胎最怕机油和汽油。一旦轮胎粘上机油则容易变软发涨,时间一长就会降低轮胎的性能,甚至使轮胎报废。如果粘上汽油,则会使轮胎变硬从而加速轮胎的老化,更易产生裂纹,甚至导致轮胎报废而不得不提前更换新轮胎。因此,在平常驾驶中,应避免车轮压上机油或汽油,尤其是在修理厂进行维修时,更要注意。如果粘上机油和汽油,应及时擦洗干净。

⑤ 合理调整轮胎位置

因为一般汽车都不是四轮驱动,要么是前驱,要么是后驱,所以容易导致轮胎前后轮的磨损不一。如果在使用中给它们调整位置,则可以使它们的寿命延长50%~100%,这样不仅提高了汽车的安全性,还可节省更换费用。一般来讲,调整轮胎的频率,最好是在尚未超过2万公里时就进行一次调整,或发现磨损不均时就进行调整。另外,安装了方向性花纹轮胎的车辆,每次前后轮都应同向调位,并保持旋转方向正确。

⑥ 转向盘抖动时应检查动平衡

如果车轮不能保持动态平衡,也就是说在高速行驶时有振动或摆动,在短期内会增加燃油消耗,而长期后则会增加维修费用。当发现汽车在行驶中转向盘有抖动时,应及时到维修店做个动平衡,避免小事变成大灾,到时花费更多。

7 更换轮胎后要做动平衡

在行车过程中若发现车辆在高速行驶时转向盘抖动或车轮出现某种有节奏的异响时，就可能是车轮该做动平衡了。另外，当更换轮胎、轮毂，或是补过轮胎后，车轮受过大的撞击、颠簸导致平衡块丢失等情况，都应该对车轮做动平衡。此外，也别小瞧了轮圈边沿上的小铅块，如果它在轮胎上的位置不合适，也会造成轮胎异常磨损，影响车辆的稳定，导致转向系统的松旷，进而增加燃油消耗。

8 经常检查你的塑料轮毂罩

塑料轮毂罩要安装在金属的轮圈上，如果安装不牢，则很容易破裂、丢失。因此，每次安装时要确认安装是否紧密，轮毂罩上的扣齿是否紧扣进轮圈内沿。如果轮毂罩的扣齿有所损坏，就很难保证安装牢固，在高速行驶时则很容易导致轮毂罩丢失，从而导致车轮动平衡失衡，行驶不顺畅，从而增加燃油消耗。

9 高速转弯会加速轮胎磨损

当汽车以较高速度紧急转弯时，往往会听到轮胎与地面剧烈摩擦的声音，那是因为车速太快，导致车尾甩动，后轮无法转动，只能与地面产生剧烈的摩擦。因此，行车转弯时应根据弯道情况控制车速，避免高速转弯，否则容易加速轮胎的磨耗，还会使轮胎被轮辋横向切割，造成损坏。

10 紧急制动最伤轮胎

汽车为什么会前进？因为发动机驱动轮胎转动，转动的轮胎与地面之间有摩擦力，正是这种摩擦力才是最终推动汽车前进的力量。汽车为什么会突然制动停车？也是依靠轮胎与地面之间的强大摩擦力，阻止汽车继续前进的。尤其是紧急制动时，需要更大的制动力，也就是要轮胎与地面产生更强的摩擦，才能阻止汽车前进。这种摩擦对轮胎的伤害较大，因此在复杂情况下（会车、超车、通过城镇、交叉路口、过铁路）行驶时，应掌握适当的行车速度，减少频繁制动和避免紧急制动，否则会致使轮胎缩短寿命。

省钱指数：	★★★★★
实用指数：	★★★★★

汽车“心脏”巧养护

发动机是汽车的“心脏”，保养的好坏直接影响着爱车的性能和寿命。如果想让你的爱车远离发动机的困扰，那就要像爱护自己一样爱护汽车的发动机。

1 明白什么时候必须关闭发动机

发动机故障灯在着车启动时会短暂闪亮，但启动后就应熄灭。因此，在行驶中如果发动机故障灯闪亮，就意味着有情况发生，有可能是提醒你发动机在一两天内需要检修了，也可能是警告你必须立即关闭发动机。发动机故障灯闪亮具体是什么含义，可查看车辆使用说明书，或向4S店维修部门电话咨询。毫无疑问，如果在提醒你必须熄火后你还要强行行驶，那么有可能导致更大的故障，让你花费更多的钱。

2 发动机故障灯亮时要小心

当发动机故障灯亮时要特别小心，虽然有时发动机的运转情况看似非常正常，但既然发动机故障灯亮起，一定有什么不正常的原因存在。如果恰巧是对燃油消耗影响非常大的故障原因，那么继续行驶就会增加油耗。遇到这种情况，可将发动机熄火，然后再重新启动，如果故障灯不再亮起，可以继续前行；如果故障灯仍然亮起，则最好是靠边停车，打电话向厂家指定的维修店咨询或求救。

3 经常检查4种液

经常打开发动机盘检查4种液体的情况可减少出现汽车故障的概率，节省维修费用。

制动液：制动液最怕遇到水汽，建议水汽较大的南方地区的车主每2年更换一次制动液，确保在紧急的情况下仍具有最好的制动力。

冷却液：检查冷却液时请特别注意要在凉车的时候进行，不然滚烫的热水会像喷泉一样涌出，易发生意外烫伤事故。

玻璃清洗液：在缺少清洗液的状态下，如果无意中使用刮水器来"干洗"风窗玻璃上的尘土，容易对刮水器造成损害。

蓄电池液：车辆上的大部分电气系统运作所需的电能必须依靠蓄电池的供应，当蓄电池液不够时，会造成蓄电池无法蓄电。

4 检查传动带松紧程度

在保养汽车时一定要检查发动机传动带。传动带使用时间较长后可能产生裂纹或变形，或者传动带有可能过松或过紧。如果过松，那么传动带所驱动的部件，如机油泵、水泵等运转速度就会放慢，不能达到应有的效果；如果传动带过紧，则会使传动带轮承受较大的压力，从而缩短传动带和相关部件的寿命。这两种情况都不利于节油省钱。

5 校准发动机怠速

发动机怠速对油耗的影响也很大，特别是常在市区跑，频繁停车、起步的话影响更大。一般来说，发动机的怠速设定在800转/分左右。假如转速过高，燃油消耗自然会加大。怠速设定以发动机不抖振为宜。当开空调时，汽车的怠速会稍高些，当冷车启动时，汽车的怠速也会稍高些，但运转一会儿就会恢复正常。

另外，如果你发现你的汽车的怠速不稳定或偏高、偏低，都应及时去修理厂检查。

6 火花塞定期更换

如果你发现发动机难以启动或出现抖振甚至提速加油不快的情况，就得好好回忆一下，有多长时间没换火花塞了。试验证明：一只火花塞不工作，要多消耗燃油25%；两只不工作就要多消耗燃油60%以上。另外火花塞间隙的大小、积碳的多少等都对油耗有直接的影响。在使用中应注意调整火花塞间隙，其间隙的调整必须根据各车型规定的标准和气缸的实际压力来调整。间隙过大在发动机高速运转时容易断火，过小则火花较弱，不易点燃混合气，容易造成积碳，形成短路而不能跳火。

7 发动机冷却电风扇要正常运转

发动机冷却电风扇的作用是将散热器的热气尽快吹走，帮助散热器尽快冷却，因此电风扇一般安装在散热器前方，它可以直接将自然空气吹向散热器。但是，在汽车速度非常高的时候，比如在高速公路上行驶时，自然风的风力非常大，它的冷却作用比电风扇的冷却作用更管用。此时发动机的温度自然达到正常，电风扇就会自动停止运转。如果由于某种原因导致电风扇总是处于运转状态，那么就会浪费燃油，因此去维修店保养时最好要让技师检查电风扇的运行是否正常。

8 清除散热器上的杂物

发动机散热器一般放置在车头的正面中心位置，这也是进风量最大的位置，它可以让散热器充分享受自然风的劲吹，保证发动机的冷却效果。但这个位置也很容易被如树叶、虫子、小食品包装纸、泥土等杂物堵塞。异物增多后会堵塞散热器缝隙，影响散热效果，增加燃油消耗。因此，在保养车辆时也要经常清除散热器上的异物，可以用高压气泵或高压水龙头清除。

省钱指数：	★★★★★
实用指数：	★★★★★

汽车空调巧保养

汽车空调是现代家庭车的一个重要配套设施。使用空调，不仅要消耗一定的能量，而且如果保养不当就会常出毛病。与其等出了毛病再去修理，又要增加一笔不小开支，不如自己学会保养，既可以保证空调的正常运转，又可以省下修理费用，何乐而不为呢？汽车空调的保养要注意如下几个方面。

1 压缩机的保养

压缩机是空调的心脏，保养汽车空调主要就是保养压缩机。保养压缩机要着重检查以下3个关键部位：

检查空调压缩机的安装支架，如有松动现象应将其螺母重新拧紧。

检查压缩机与发动机之间的传动三角皮带的松紧。一定要调整得松紧适宜，过松会引起打滑，造成压缩机转速下降，结果使制冷量不足；过紧则会加剧皮带磨损以及造成曲轴轴承过早损伤。

检查压缩机润滑油(也称冷冻机油)油面高度，应使油面保持在规定范围内。正常情况下，冷冻机油消耗量极少。当发现压缩机油面出现不正常时，应到专业维修厂添加。如果从压缩机的视油镜片中看不到冷冻机油，则说明冷气系统中存在严重的泄漏现象，应及时维修。

2 冷凝器的保养

冷凝器保养主要的工作就是使冷凝器保持清洁状态。要保证空调系统工作正常、制冷效果良好，保持冷凝器表面的洁净是至关重要的。

需要经常清洗冷凝器，防止油污、泥土及其他杂物附在冷凝器上。

清洗时注意不要把冷凝器散热片碰倒，更不能损伤管子。

保养时要观察所有连接部位和冷凝器表面，如果发现油渍，一般说明该处有渗漏，应尽快采取措施修理。

清污时，最好用专用的空调冷凝器清洗剂，使用它可以轻轻松松地完成此项保养工作。

3 蒸发器的保养

蒸发器的保养，需要经常清洗空气滤网。

一般来说，空气滤网应每周清洗一次。否则车内的灰尘、杂物吸附在空气滤网上阻碍空气流通，就会造成制冷量不足。

许多新车主不知道这点，遇到制冷效果不好就把车开到修理厂修理，误以为空调出了故障，因而造成不应有的开销。

除了经常清洗空气滤网外，对于蒸发器本身，也应每三个月就用高压空气吹一吹，清理掉蒸发器上的灰尘，以达到清洁的目的。

4 制冷管路的保养

在车辆使用过程中，应当经常检查空调系统各管道有无磨损、老化现象。空调系统中大量采用的是橡胶软管。

如果这些软管有磨损，待环境温度升高后，制冷系统在工作时就会爆管，促使制冷剂、冷冻机油漏光，从而导致空调系统完全失效。

如果管道已破，空调还继续运转，则会导致泥土和水分大量进入压缩机等部件，使得整个冷气系统报废。

因此，一定要经常检查空调的制冷管路，发现有摩擦的情况要及时处理，对已破了口的管道要及时更换。自己无法处理的应立即送到维修站修理。

5 电气线路的保养

经常检查空调的电线情况，防止电线的绝缘层被磨破。

如果空调系统的保险熔断，应先检查出问题所在，待处理完后再换上保险管通电。

不可未查出毛病就把保险接上，以防烧坏整个线路。可以用断开和接合电器的方法，检查电磁离合器的接合及低温保护开关工作是否正常。

省钱指数：	★★★★★
实用指数：	★★★★★

科学用机油，保养好汽车

机油是汽车保养中最常见的一种物品，它是保证发动机正常运转的必需的润滑剂，其具体作用是润滑金属件，减少机件间的摩擦，将发动机在做功时产生的巨大热量带走，清洗经磨损后产生的细微金属碎屑。此外，还有密封、减震、防锈等作用，所以爱车是否科学使用机油将直接会影响到车辆的使用寿命。

1 明白机油黏度含义

要了解机油黏度的大小，以便根据所处环境选择合适的机油。机油黏度由使用的环境温度来决定，必须根据天气最低温度和最高温度来选择。如10W—40黏度的机油(W代表冬天)，代表它适应的最高温度为40℃，最低温度为零下20℃。在我国，除东北三省外，其他地区一般选用10W—40的机油即可全年适用。东三省也可以根据温度变化选用，如即将进入冬天时再改用可以应付零下20℃以下温度的5W—30机油。

2 使用等级合适的机油

选用哪个等级的机油合适，并没有一个统一的标准，只要满足车型使用说明书上要求的最低等级即可，当然你也可根据自己的能力选择更高等级的机油。机油等级从低到高分为E、F、G、H、J、L等级，厂家在说明书中一般要求最低等级，如一般汽车要求选用SE或SF级(其中S是指汽油发动机使用的机油)。如果要求使用SG级别的机油，则一定要选用至少为SG级的机油。如果实际使用机油的等级没有说明书中要求的高，则会在燃烧室内容易形成较多的积碳，这不仅会影响发动机性能的发挥，还会增加油耗。

3 机油只选对的，不选贵的

汽车所用机油并不是越贵越好，而是合适最好。所谓合适，就是所用机油是车辆使用说明书上明确要求的机油标号。如说明书要求使用SAE5W—30号的机油，就不要使用价格更高、黏度更大的10W—30号的机油。后者黏度更大，在使用它时需要更大的压力才能将它泵送到各个润滑处，这意味着发动机必须更吃力地工作才能驱动机油泵正常工作，这必然导致发动机消耗更多的燃油。据美国能源部公布的数据，如果在要求使用SAE 5W—30的发动机上使用了SAE10W—30的机油，会增加燃油消耗1%~2%。

④ 慎用合成机油

机油分为矿物油、半合成油以及全合成油等，在选择机油时要注意。大多数车辆的原厂机油是矿物油，它具有便宜实用的特点，但在长期高档位、低转速的驾驶情况下容易造成积碳。半合成以及全合成机油更耐高温，对发动机有良好的保护及润滑作用，但它的价格也较高。使用什么样的机油，最好还是按照车辆使用说明书的要求去操作。

⑤ 按时更换机油和机油滤芯

机油的作用不仅是润滑作用，它还有冷却和将机器磨损下来的碎屑带走的功能。但长期使用后机油和机油滤芯的性能会逐渐退化，难以保证发动机正常工作，使燃油效率降低，增加油耗量。因此，必须定期更换机油和机油滤芯，按照使用说明书的要求进程进行定期更换。如果一段时间内总是短途行驶，冷起动非常多，那么就要相应缩短更换机油和机油滤芯的里程。

⑥ 保持机油合适的液面高度

为了让机油达到较佳的润滑和冷却效果，一定要确保机油液面在合适的范围内。要经常检查机油标尺，看是否在最高和最低位之间；要在发动机熄火20分钟后检查机油液面高度，让发动机各处的机油都能流到油底壳中，而且检查时汽车要平放在地面上，这样检查的结果才更准确。一些车型的机油消耗量较大，如大众品牌的车型，更要经常检查机油情况。

⑦ 不要相信任何抗磨剂

千万不要相信抗磨剂上的说明，包括4S店推荐的，上面的效果说明很夸张，一是效果非常大，好像是包治百病的妙药；二是容易造成这样一种错觉：如果不用它的抗磨剂，你的车就会出问题。厂家在设计汽车时，都将汽车的使用情况考虑得较为周到，只要按厂家使用说明书上的要求做，就既能保证汽车延年益寿，又不会出现什么大问题。如果添加了不合适的机油抗磨剂，则容易使发动机出现烧机油、串气、积碳的情况,特别是新车,如果加了有降低磨损作用的添加剂,往往会使新车得不到很好的磨合,反而给日后行车带来麻烦。

省钱指数:	★★★★
实用指数:	★★★★

手刹的使用与维护

汽车在使用过程中,手刹的使用率是非常高的,可手刹并不是“万能保险”,它的效能会随使用次数的增加而下降。很多时候,明明手刹已经拉上了,但由于系统失效或者使用不当而起不到应有的作用,从而造成事故,因此车主应该定期对爱车的手刹进行适当的维护与检查。

1 确定手刹手柄的工作位置

与脚刹车的踏板一样,手刹手柄也有一个拉动的行程。通常,当手柄提拉到整个行程的70%时,手刹系统就应该处于正常的刹车位置了,所以在检查手刹的制动力之前,应该先找出这个70%的工作点,这个工作点可以通过数棘轮的响声来确定。如将汽车停在比较安静的地方,慢慢拉起手刹,边拉边数棘轮发出的咔嗒声,直到将手柄拉到尽头为止,然后算出响声总数的70%的位置,这个位置就是手刹手柄的有效工作点。

2 检查手刹机构的效能

把汽车开到坡度较大、路面状况良好(最好是柏油路)的斜坡上,踩住刹车,挂空挡(如果是自动变速则挂在N挡),将手刹手柄拉到刚才确定的工作点位置。然后慢慢松开刹车踏板,如果汽车没有发生滑动,就说明手刹的效能良好。上坡和下坡应该各做一次为好。

3 测试手刹的灵敏度

除了制动效能外,还应该检查手刹的灵敏度,这对斜坡起步特别重要。在没有坡度的路面上慢速行驶，缓缓地提拉手刹手柄，感觉一下手柄的灵敏度和接合点。这种检查方法会使手刹机构磨损，所以检查的次数不宜太多。在检查过程中，如果发现手刹的制动效能或灵敏度不理想，通常可以通过调节手刹的操作钢缆来解决。在手刹手柄的底部与钢缆的连接处(一般由内饰件覆盖)有一个可调的补偿机构，用扳手松开锁紧螺帽，就可以拉伸刹车钢缆的长度。但有些汽车的调节机构设在车底，如果不便调整，应该交由专业的维修人员来处理。

4 高速行驶莫用手刹

有许多车主认为遇上制动系统失灵，可以拉动手刹来减速，其实这种做法是非常危险的。由于手刹机构并不精密，左右两侧的制动力分布不均，在高速行驶时拉动手刹很容易使其中一边的后轮抱死，发生侧滑。正确的做法是通过降挡来减速，待车速很低时才拉动手刹将车子刹停。

省钱指数：	★★★★
实用指数：	★★★★

养护车身三要三不要

养护车身需要在日常生活中从一点一滴做起，汽车犹如人一样，只有注意平时的保健，才能保证车身健康。为此，汽车专家总结出了三要三不要的“妙方”。

1 三要

车身要定期检查：车身外观最让人烦恼的就是锈蚀，造成的原因主要是钣金金属直接与外界接触。除了常见碰撞、刮伤、放着不管、日久生锈等原因以外，还有一种情况就是，行车时前车车胎弹起的小石块造成的点撞，会使漆面出现一个个剥落的小点，产生小锈斑。但这种小痕迹常常容易被人们忽视，所以平时要定期检查车体、发动机盖和车身四周，一旦发现就要马上处理。

汽车的前期漆面要保养：买了新车后应该给车身上一层镜面釉。镜面釉以高分子聚合物为主要成分，它直接作用于车漆表面。上釉时，先清洗车身，然后用抛光机将镜面釉通过振动挤压进车漆内部，形成如同网状的牢固的保护膜，这样可大大提高漆面的硬度，同时它耐高温抗紫外线的特性可以使车漆得到更好的保护。值得一提的是，如果定时洗车打蜡的话，镜面釉效果可以保持一年之久。

车上放管普通牙膏：一旦发现有小小的新蹭痕，就随手涂上一点。下雨或洗车后，别忘了再涂一下，这样可简单地起到隔绝作用，可确保车漆在短期内不出现大问题，不过这只是个简单的应付方法，最终还是要到美容店去彻底去除。若想既省事也省钱，可等车身上类似的破损处多了再集中修理。

2 三不要

不要用掸子擦车身：很多司机习惯性地用掸子擦擦前风挡玻璃、拂拭车漆表面的灰尘，这其实是自欺欺人的作法。掸子里夹带了大量的沙尘，车主每天用同一把掸子擦车，就如同用锉刀在车漆上蹭，亲手在车漆上制造细微的划痕。此外也不能用劣质洗车机的毛轮，因为劣质洗车机的毛轮一般是用尼龙丝等硬质材料制造的，洗车时毛轮高速旋转，对车漆表面有很强的切削力。另外，还要慎用普通的车蜡和水蜡。因为普通的车蜡中都添加了一些研磨粒子，装饰工人为车上蜡时，会转着圈打磨抛光，将车漆磨亮的实质是这些肉眼看不到的颗粒将车漆抛光的过程。水蜡较柔软，易挥发，依靠手工摩擦无法渗透进车漆内部，只能增强车漆的亮度，对车漆的光泽并无修复功能。

停放在室外的车辆不要罩车衣：一旦遇上刮风下雨的天气，车衣遭受风吹雨打，其内层就会反复抽打车漆，在车身上划出无数道细小的划痕，这些划痕遍布全车，清洗或打蜡都不能完全去除掉，时间一长还会造成漆面发乌。

车门内部不要积留水：车身容易积水的地方，如轮弧内外缘、车门和行李厢的底部、边角等处，时间长了，也容易产生锈蚀。如果车门下缘的排水口堵塞或不很顺畅，下雨及洗车时渗入的水分长期积留在车门内部，一段时间以后，就会由内向外开始生锈，等到发现时，就很难处理了。

省钱指数：	★★★★★
实用指数：	★★★★★

车身划痕自修补

经常开车，爱车就难免受到剐蹭而产生划痕，对于轻微的划痕，动动手，我们就可以自行处理，但对于深度划痕则要到专门的修理点去处理。

1 去除轻微擦痕

购回爱车以后，不管你如何精心保养，经过一段时间之后，都会在车身上留下一些细小的擦痕。对于一般的小擦痕，可以自行处理：处理时，可以将少量的抛光剂或砂蜡倒在软布上，然后沿着擦痕轻轻擦拭就可以消除污迹。若再打些上光蜡，就会更加光鲜，那些小擦痕也很难被发现。对于车漆的一些轻微损伤：如酸雨点、碱水点、航空油或柴油油渍、石灰、水泥点、鸟粪、昆虫点、金属斑等，都可以使用此方法进行处理。

2 修补深度划痕

如果划痕深及漆面的底部，用抛光剂或砂蜡可能就无法消除了，这时就需要进行车漆修补。

车漆的准备：准备车漆通常有两种，一种是购买同色号漆笔，一种是电脑调漆。如果你的爱车是喷涂原厂漆的新车，那么可以从汽车发动机舱的标牌查阅车漆的编号，然后购买此编号的油漆修补笔即可。如果爱车已经跟随你多年，那么油漆可能已经褪色了，为了尽可能与原来颜色匹配，就只有现调。一般的汽车电脑调漆店都可以进行调漆，经过电脑配调的漆色，通常我们的肉眼是分辨不出来的。

车漆划痕的点漆修复：清洁划痕伤口并让漆面干燥。若划痕处有锈蚀，要先用砂纸清除，并在划痕的四周用胶带贴附，防止点漆时点到划痕之外的区域。补漆处干透后，再用粒度不低于1000号以上的水砂纸蘸水轻轻研磨突出漆面的补漆，直至漆面平滑，最后用点漆笔再在划痕处涂一遍即可。

省钱指数：	★★★★★
实用指数：	★★★★★

第四章　节油之路

降耗节约有方法

在当前油价一涨再涨的情况下，“节油”已成为汽车一族最为时尚的词汇，也是车主们谈论的诸多话题之一，车主们对节油措施的关注程度也随之越来越高。可以说，汽车节油是个系统工程，涉及购车、驾驶、养护、修理和车辆改造等方面，虽然任何一个环节做好了都可以降低油耗，但全面系统地实施节能措施，能获得更可观的经济效益。

节油从购车开始

现在大多数人购车，首先考虑的就是节油。那么，什么样的车才是最节油的车呢？对此，不同的购车人有不同的看法。下面为你提出的几点建议，如果你正准备购车，不妨对照一下自己的观点，然后再做出正确的选择。

1 排量不必太大，够用即可

从理论上讲，在正常情况下，发动机的排量越小，其消耗的燃油也相对越少。这就像人吃饭，如果某人的胃口较大，那么他的饭量可能也较大。在选择车型时，最好亲自试驾一下，如果感觉动力够用就可以，除非你对动力有特别要求，想追求加速迅猛的感觉。一般来讲，两厢家用车的发动机排量在1.6升或以下都可以。三厢家用车的发动机排量则在2.0升左右就够用。商务用轿车则可以选择2.4升或2.5升的发动机排量，超过3.0升就有点浪费动力了。

2 车身越轻越节油

研究显示，如果整车重量降低10%，燃油消耗可降低6%~8%。汽车重量影响行驶中车轮的滚动阻力，滚动阻力与整车重量成正比，车辆越重，滚动阻力越大，用来克服滚动阻力的能量也更大。因此，在选购车辆时可参看汽车的“整备质量”，也就是在没乘坐人员的情况下的汽车的重量。这个数值越大，汽车所消耗的燃油可能也越高。

3 “小嘴车”更利于节油

现在一些轿车的进气格栅都采用“大嘴”式设计，如果设计得好会让汽车看起来气势汹汹。这样设计的另一个好处是可以增加进入发动机的空气量，但“大嘴”设计却对节省燃油消耗不利，因为它使汽车迎面的空气不能顺畅地流过车身，从而增加了汽车遇到的空气阻力，结果是燃油消耗增加。

4 流线型汽车更节油

一般来讲，流线型汽车具有较低的风阻系数，这样在高速行驶时，它受空气阻力的影响会相对较小些。实验证明，车速在60公里/小时以下，空气阻力的影响不大，但是随着速度增加，空气阻力也就迅猛上升，车速120公里/小时就消耗了总功率的60%，如果超过了120公里/小时，还要增大，空气阻力最高可以消耗掉总功率的80%。

5 较低的离地间隙

当汽车在高速公路上行驶时，较高的离地间隙会增加空气通过车底部的阻力。如果车底部的空气阻力较大，则汽车在高速行驶时就会“发飙”，车轮的抓地力就会减小，这样不仅影响汽车的行驶稳定性，而且还会增加燃油消耗。如果车身的最小离地间隙较小，那么流过车底部的空气相对就少得多，车底部的空气阻力也较小。如果车身离地间隙特别小，就像一些场地赛的赛车那样，让车底部几乎成为真空，便能将车身紧紧地“吸”在地面上，不仅增加车轮的抓地力，还能减小空气阻力。

6 尽量选择直列4缸发动机

当你面临要在直列4缸和V型6缸两款发动机车型之间做出选择时，尽量选择直列4缸发动机。因为相对而言，直列4缸发动机的体积更小，重量更轻，结构也相对简单，可靠性较高，维修费用较低。由于重量较轻，还能减少燃油消耗。相比之下，V型6缸发动机部件较多，维修费用也稍高。

7 电喷系统车更省燃油

电喷车采用电子燃油喷射系统，它能利用电脑精确控制空气燃油比例，而化油器系统的供油为机械式，误差很大，使燃油不能充分燃烧。另外，电喷系统是把燃油直接喷射进气流中，喷的同时包含雾化功能，可保证燃油充分燃烧，从而节省燃油；而化油器则是将燃油从主量孔中“流入”气流中，需要一个蒸发雾化混合过程。因此，从工作原理上来说，化油器就远不如电喷系统，化油器迟早被电喷系统所取代。

8 选择手动变速汽车

自动变速汽车是采用液压机构来传递动力的，液压油是动力的传递媒介，也就是说，自动变速器的主动件与被动件是软性接触的，两者之间有较大的摩擦损失。而手动变速则是齿轮与齿轮间的接触，主动件与被动件间的机械摩擦损失较少些，传动效率较高。因此，装手动变速器的汽车要比装自动变速器的汽车节油。而且，在城市高峰慢速行驶中，手动挡可用挡来控制，而自动变速只能用油“烘”。

省钱指数：	★★★★★
实用指数：	★★★★

燃油选用有讲究

汽车所用汽油的标号，一般选择厂家推荐标号，切勿使用非规定标号的汽油，否则将因所使用的汽油抗爆性不好，导致发动机的提前损坏。

1 按压缩比选用汽油标号

汽油发动机的压缩比是选用车用汽油标号的依据。发动机压缩比低的，应选用较低标号的汽油；发动机压缩比高的，要选用高标号的汽油。汽油发动机压缩比在8.0以上的汽车，要选用93号以上的车用汽油；汽油发动机压缩比在9.0以上的汽车，要选用97号以上的车用汽油，以保证汽油发动机的正常工作。

由于市售轿车普遍采用了较高压缩比的发动机和环保装置。因此，从技术上讲汽油最低应使用93号汽油。发动机压缩比在8.0以上的家庭轿车，如果长期使用90号汽油，会给发动机带来不少故障，如喷油嘴积碳、射流喷射不佳、汽油燃烧不完全、尾气污染大等。而事实证明，在使用93号汽油之后，这些烦恼就都能避免了。93号汽油的最大优点在于抗爆性能好，高抗爆性使发动机工作频率均匀，汽缸进油嘴部位积碳减少，增加车辆的使用寿命。

目前，国内常见的车用汽油标号主要有4种：90、93、97、98号。汽油标号越高，抗爆性就越好，例如，90号车用汽油的研究法辛烷值在90以上，抗爆指数在85以上；93号汽油的研究法辛烷值在93以上，抗爆指数在88以上。

2 加注高质量的汽油

从使用情况看，用高品质燃油可以明显减少有害尾气排放，也标志着汽车消费的社会层次进一步提高，并有利于城市环保的建设。

汽油中的蜡和胶质等不纯物是形成积碳的主要成分，所以质量高的汽油形成积碳的趋势就弱一些。很多人为了降低汽油中杂质的不良作用，会在汽油里添加汽油清洁剂，这样可有效地防止在金属表面形成积碳结层，并能逐渐活化原有的积碳颗粒，使之慢慢被去除，从而保护发动机免受伤害。不过汽油清洁剂的添加一定要慎重，如果加入了伪劣的产品会得到相反的效果。

3 高标号不等于高质量

大多数正规出品的汽车，在设计上都适用于市场销售的普通汽油，除非特别指定使用某种汽油，一般情况下使用普通汽油就足够了。不要错误地以为使用97号汽油比93号汽油要节油，其实恰恰相反，加注相同质量的93号汽油行驶的里程比97号汽油更远。97号汽油只是有利于发动机的使用寿命。所以，按车型规定选购添加汽油即可，不要让加油站白赚你的钱。

4 伪劣汽油的危害

汽油对发动机的影响极大，伪劣汽油不仅污染环境，而且将对发动机造成严重危害。具体表现为爆燃严重、产生积碳、堵塞燃油系统、导致氧传感器和三元催化转换器失效等。发动机使用抗爆性不足的劣质汽油时，会出现严重的爆燃、积碳等恶劣情况，导致发动机的早期损坏。有人做过调查，我国汽车早期损坏的主要原因之一，就是用错了燃油。此外，使用杂质超标的伪劣汽油，电动油泵滤网、汽油滤清器、喷油器的小孔或滤清器滤芯很容易被劣质汽油中的杂质堵塞，造成供油不畅，导致发动机功能下降。所以，如果加油后出现加速发卡、急轰油门回火、转速不稳、爆燃严重等现象，就应考虑是否加注了伪劣汽油。

省钱指数：	★★★★
实用指数：	★★★★

节油产品多数不节油

减排节能是社会发展的大趋势，为了迎合车主们在高油价时代的节油需求，市场上出现了上千种的节油产品，其所采用的宣传方式多种多样。在汽车杂志和媒体上，各种类型、各种品牌的节油产品更是比比皆是，其标明的节油效果大都在10%以上，有的甚至宣称可以达到40%。这些宣传可能会误导一些新车车主，所以笔者建议车主要谨慎对待，特别是新车，更不要轻易使用，因为事实上，宣传所称的节油产品大多不节油。

1 提高发动机效率是件困难的事情

从汽油机工作原理可知，汽车燃油燃烧做功只有30%~40%用在动力上，60%~70%不能转化为动力，变成热量形成废气排放掉了。所以真正意义上的节油是提高发动机的热效率，从而达到节油的目的。为提高发动机的效率，全世界的科学家已奋斗了100多年了，而内燃机热效率的提高始终有限。由此可见，在技术上节油并不是简单的事情。

2 国家认证的节油产品

国家权威认定部门考量节油产品的节油效果，还没有哪个产品超过5%的节油效果。车用节油产品目前还没有对应的国家或行业标准，目前市场上销售的节油产品质量参差不齐，虽然它们大多有研究所、大学实验室、工厂等机构出具的认证报告，但部分产品的效果夸大其词，缺乏权威性和可信度。一般一款节油产品的节油率能达到3%已相当不容易，市面上一些号称可以节省25%~45%的节油产品从目前的技术角度来说是不太可能的。试想，某种节油产品如果真正具备5%以上的节油效果，首先会在最计较油耗的出租车上得到普及，因此，看看出租车是否使用就可得到答案。在此，笔者提醒车主，汽车实际油耗与驾驶习惯、发动机性能和实际路况等多种因素相关，最好的省油方法是养成良好的驾车习惯，保持良好的车况，不要轻信各种节能产品。

省钱指数：	★★★★
实用指数：	★★★★

找出耗油原因,及时采取补救

在车辆使用过程中,如果发现耗油量忽然比平常多了不少,这时应该想到,车子可能出问题了。此时,可以从以下几个方面寻找原因并做必要的补救措施。

1 检查轮胎的磨损程度

经过检查,如果发现轮胎磨损严重,那就可能是轮胎经常出现打滑现象,从而增加了耗油量,这时可更换新的轮胎。

2 检查轮胎气压

如果在行驶中发现车辆的滑行距离明显减少,这时应该检查一下轮胎的气压是否合乎气压标准。若轮胎充气不足,耗油量也会增加,此时只要找个地方充气就可以解决问题。

3 检查轴承及刹车系统

如果在行驶中或启动时发现车轮有异常响声,应该及时检查轴承及刹车系统是否有故障。如果车轮转动不正常,也会影响车速,使油耗加大。

4 检查和更换打滑的离合器片、离合器压盘

离合器打滑会使发动机的转数丢失。当在急加速时会发现发动机转速表增加很快,但车速增加却很慢,这时可以判定是离合器打滑,需要更换离合器片、离合器压盘等。

5 检查气缸压力

如果车辆已经行驶20万公里以上,通常会出现气缸压力不足的现象,这时油耗会明显增加。若通过检查,确认是气缸压力不足的故障,那么发动机就需要大修了。

6 排气管冒黑烟需要检查化油器

当排气管出现冒黑烟、油耗增大的现象时,需要检查化油器。如果化油器太脏可以用清洗剂直接向化油器进气口喷一喷,若此时还冒黑烟,那只能把化油器拆开清洗了。

7 检查火花塞

如果火花塞使用的时间太长,也会出现油耗加大的现象。因为火花塞损坏会使点火的能量下降,车提速减慢,导致汽油消耗明显增加。

8 检查温控开关和节温器

当汽车的温控开关和节温器损坏时,会出现油耗增加的现象。因为温控开关和节温器损坏会使水温降低,化油器不能正常工作,导致汽油雾化不良,油耗必然明显增加。

省钱指数:	★★★★★
实用指数:	★★★★★

爱车多"保养",节油又省钱

一辆汽车能否节油,除了与驾驶员的驾驶习惯有关外,汽车本身技术状况的好坏也是节油的关键,而技术状况的好坏与车辆的保养有着直接的关系。因此,车主在平时的驾车生活中,一定要养成定期维护爱车的习惯,具体操作可按下面的说明进行。

1 三滤

汽车"三滤"是指空气滤清器、机油滤清器、汽油滤清器。"三滤"在汽车发动机上对空气、机油和汽油起着过滤作用,从而对发动机起到保护作用,同时也提高了发动机的工作效率。“三滤”清洁保养及时，能充分发挥发动机性能，降低发动机故障率，有利于延长发动机的使用寿命。它们的具体作用如下：

空气滤清器：保证进入发动机的空气洁净。空气中悬浮着很多尘土，这些悬浮小颗粒的主要成分是二氧化硅(S_iO_2)——一种比金属更硬的物质。安装空气滤清器能减少气缸、活塞和活塞环等零件的磨损。如果汽车不安装空气滤清器，或者空气滤清器长时间不清洁，气缸磨损将增加7倍，活塞磨损增加3倍，活塞环磨损增加8倍，而油耗则上升5%~10%。目前较流行的是一种质量小、成本低、更换方便、滤清效率高的纸质滤芯干式空气滤清器，一般每行驶5000公里清洁一次。清洁时，应取出滤芯轻轻拍打，切勿用汽油或水洗刷，每行驶25000公里必须更换纸质滤芯。

机油滤清器：过滤机油，保证发动机正常运转。这是三滤中最重要的。在内燃机使用过程中，灰尘、金属屑、积碳等机械杂质将不断混入机油中，同时空气及燃烧的废气会对机油有氧化作用，而机油逐渐产生胶质，机械杂质与胶质混合还会形成油泥，这不仅会加速运动零件的磨损，而且易造成油路堵塞。为确保机油的清洁，当更换润滑油时必须同时更换机油滤清器。

汽油滤清器：保证燃油洁净，防止产生阻力。汽油在储运及加注过程中，难免会混入一些机械杂质和水分。这些杂质随着燃油进入供油系统中和发动机气缸内，气缸就会加速磨损。滤清器堵塞后，将使供油管的阻力增加，化油器供油不足，造成混合气过稀，发动机功率下降，增加油耗。因此，在汽油进入汽油泵之前，必须进行滤清，以保证汽油供给系统正常工作。大多数发动机上装的都是一次性不可拆洗式的纸质滤芯汽油滤清器，更换周期一般为1万公里。

2 清除积碳

燃烧室的积碳增多后，容易引起可燃混合气的自燃，造成功率下降，如果积碳过多，会增耗燃油8%左右。

③ 维护消声器

消声器阻碍废气的排出，消耗部分功率。如果消声器破裂损坏，则会进一步阻碍废气的畅通排除，增加油耗。

④ 检查火花塞

火花塞是将高压电引进发动机的气缸内，在电极间产生火花，点燃混合气。试验证明：一只火花塞不工作，要多消耗燃油25%；两只不工作就要多消耗燃油60%以上。另外火花塞间隙的大小、积碳的多少等等都对功率和油耗有直接的影响。

⑤ 调整胎压

要经常检查轮胎的气压，因为轮胎充气不足会增加油耗。有资料表明，当轮胎气压比规定的压力低4.9帕时，会增加大约2%的燃料消耗。

轮胎对于汽车来说就如同人的腿，腿如果出了问题，那么人行走起来就会很吃力。对于轮胎，要时常检查胎纹是否磨损过度，超过"轮胎生命线"。胎纹的设计非常科学，它的主要作用就是增强轮胎抓地力，保持轮胎与地面的相互作用力，当胎纹磨损到一定程度时，轮胎在行驶过程中会有跑偏、打滑等现象，除了会对安全造成威胁外，还会因为汽车非正常行驶，造成油耗增高。

轮胎的气压非常有讲究，气压低或是高，都会增加耗油量，降低轮胎使用寿命。因为轮胎承受了整个车身和内部乘客的重量，如果气压过低，会增大轮胎与地面摩擦力，使发动输出功率增大，增加油耗。而气压过高，会使汽车减振效果大打折扣，遇到颠簸路段，汽车爬行能力会降低，如加大油门，油耗就会上升。当汽车的一个轮胎少打40千帕斯卡，这个轮胎就会减少1万公里的寿命，而且令汽车的总耗油量多3%。因此定时检查轮胎气压，就显得非常重要。

⑥ 保证制动性能

良好的制动装置可以提高汽车行驶的平均技术速度和运输效率，如果制动性能不好，就难以保证行车安全，也同样影响发动机燃油的消耗量。

省钱指数：	★★★★
实用指数：	★★★★

掌握省钱八秘籍，油钱上涨照开车

当前，油价一涨再涨。在什么都涨，唯独工资不涨的时代，我们只能主动出击，为自己制定一些省钱的方法以应对物价上涨，其中，用车的支出是有车一族必然要考虑的省钱之处。

1 整合你的开车任务

在每天早晨，甚至前一天晚上，就把这天的所有任务汇总一下，看能否以尽量少的驾驶出门次数来完成。如你要接送孩子上学，要上班，还要去商场购物，还要去看医生。那么，怎样整合这几件任务，以最短的行驶路线完成所有任务呢？如有必要，可调整去商场和看医生的时间。去商场的次数也可整合，可由原来的每周两三次，调整为每周一次；去银行汇款或查询的业务，看能否通过网上或电话来办理。不着急办的事，可安排在上班途中顺道办理，不必为可办可不办的事单独出一趟车。

2 多记账能省钱20%

大多数人记账都是记录日常花销，如果能单独把养车方面的花销记录下来，将每次加油、洗车、通行等费用都记录下来，并与同款车友进行油耗对比，能学习到不少节油心得。坚持为养车记账，不出4个月，你就会学到不少节油窍门，每月至少能节省百八十块钱。千万别小看这节省下来的钱，一年下来就能省上千元。

3 利用各种优惠卡

现在很多商业银行都推出了车主信用卡，刷卡加油可以得到现金返还或者积分奖励，用积分还能兑换规定油品。如果你在使用信用卡，那不妨办一张，能省则省。此外，一些保险公司在销售车险时会赠送价值不等的加油卡，一些加油站还推出积分计划，比如积分累积到一定程度就可以赠送商品、住宿和餐饮等消费，这些优惠都不要放过。你还可以在网上买到打折的加油储值卡和一些网友转让的加油卡，这些都能为你节省一笔银子。

④ 公私“混搭”

时下流行各种混搭风格，出行也能混搭，还能为你节省不少费用。你可以自己开车到公交站或地铁车站，然后乘坐几站地到公司，既节省油钱，又不会把时间全耗费在路上。如果想锻炼身体，可以开一段汽车，然后骑自行车去公司也不错，既节省油钱，又低碳环保，还能锻炼身体，当然在不适合骑自行车的季节，可以选择其他省钱方式出行。

⑤ 轮流搭车

约上小区里有车的三四个人，每天轮流由一家人出车，其他的住户就搭这家的车去最近的地铁站或者直接由车主送到目的地，相当于自己每周只开两天车，一年下来也能省不少油钱。

⑥ 少开车多拼车

拼车也是时下很流行的出行方式。你要是开车开烦了，也可以选择不开车，拼别人的车，如找上小区里的几个上班族与你拼车，每人收5~10元钱，每天至少能省下一半的油钱，上班的路上也没有那么寂寞了，还能认识不少朋友。

⑦ 在外住宿尽量提前预定房间

当你要出远门并可能在途中住宿时，最好在出发前先预定好旅馆房间，并问清楚到达旅馆的行驶路线，以防到时找不到住宿的地方。如果出行计划不周，到地方再找旅馆，则只会增加在路上的时间，还会导致不能集中注意力驾驶汽车，并浪费更多的燃油。另外，旅馆的预定价格一般都要优惠许多，还可节省支出。

⑧ 尽量拒绝搭便车者

在你准备驾车回家、出门办事或在外旅行中，尽量不要搭载搭便车者。否则拉上他们后，不仅会增加车辆的负重，额外多停一两次车，还可能干扰你以较节油的方式驾驶车辆，更可能会给你带来一定的危险。另外，据相关法律，在搭载他人途中如果出现意外事故，车主要负一定的责任，甚至巨额赔偿。当有同事想搭你车时，你在决定是否拒绝之前一定要想到有关事故责任的问题。

省钱指数：	★★★★★
实用指数：	★★★★

轻装上阵更节油

所谓轻装上阵，就是要把车内不必要的物品放在家里。道理很简单，比如你在推一辆手推车，车上的东西越多，就越吃力，汽车也是一个道理。开车时，发动机就类似于推车或拉车的人，车上的东西越多，发动机就会发出更大的牵引力来驱动汽车，相应的就增加油耗。对于这种情况，很多人不以为然，因为你感觉不到发动机的吃力。但实际情况是，你的发动机无形中在增加油耗。因此轻装上阵是很必要的。

1 勿将爱车做仓库

很多车主为了方便，不断地往车上加装各种设备和物品。例如在行李箱中堆满了成箱的矿泉水、报纸杂志、上班要用的资料、洗车设备与车蜡、备用的机油、防冻液等。这些东西不但占空间，还相当于让车辆带着额外负荷到处跑。不要以为放零星物品随车行驶对车影响不大，其实车辆对载重非常敏感。据测算，如果放置10公斤的物品随车行驶1000公里，就会多耗0.4升燃油。因此，要经常清理行李箱，多余的东西，不论是洗车用的水管，还是清洁用的车蜡，都会增加汽车的载荷，从而也就增加了你钱包的负担。

2 合理安排随车物品

很多人居安思危，喜欢把车的行李箱塞得满满的，总是想着有一天爱车抛锚会用得到，但是事实上却一次也没有用过。车主出行前要仔细选配自己所需的装备，尽量选必要的装备。在每次维护时再从家中拿出来使用也不麻烦。这样，汽车自重轻了，自然也就节约了油耗。一般建议随车携带的物品如下：

随车应急工具。包括千斤顶、轮胎套筒、扳手和螺丝刀等。

灭火器。记得检查其有效期,尽管不经常用它,但必须保证用时有效。

角警示牌。这是保护自己的装备,路边抛锚、换胎的时候一定得使用它。

布质的绝缘胶布。塑料绝缘胶布受热容易松脱、遇冷发硬不好使,因此,在车上尽量不要使用塑料绝缘胶布。布质的黑色绝缘胶布,其黏度虽然容易受温度影响,但其性能稳定,不易松脱,而且在用于水管破裂的急救时,比塑料绝缘胶布好用。

轮胎气压表。使用气压表能方便及时地检查调整轮胎气压。轮胎气压对于车辆的油耗、减震,以及车辆的稳定性和乘坐舒适性都有直接的影响。应该注意的是,测量气压应该在冷车状态下进行,轮胎跑热了,胎压会稍微升高一些。

线手套。途中的轮胎更换、排除发动机小故障等都会用到手套。

擦车布和毛巾。行车途中难免会遇到处理小故障的情况,洗手不方便;检查机油、清洁发动机机油口盖等工作时,都需要用到擦车布。毛巾的作用就更多了,如清洁、包裹物品等。

3 去掉你车上的折叠座椅

如果你开的是一辆7座SUV、MPV或是一辆旅行轿车,而且第三排座椅基本用不上,那么你不如干脆将他们先拆掉,这样可以减轻不小的重量。还有一些向前折叠的座椅,如果你两年来都没用过,那么干脆也将它拆掉。减轻重量就是节省油耗,但一些不容易重新装上的配置尽量不要卸下,以防需要时装不上。

省钱指数:	★★★★★
实用指数:	★★★★★

合理使用空调可节油

汽车空调不仅自身增加了车辆的负荷，而且还要耗能。现代家庭轿车空调又几乎成了基本配置。那么，既然我们不能舍弃空调，那么如何做到节油呢？当然是对空调合理利用了。

1 低速时可开窗降温

开空调很费油，尤其是低速行驶时发动机的转速不是很高，带动空调的能力也不是很强，因此低速时空调的性能也较差，此时不如用开窗通风的办法降温。当行驶车速比较低时，如低于70公里/小时，由于此时空气阻力的影响较小，即使打开车窗，也不会造成太大的风阻，利于节省燃油。

2 高速时少开车窗

虽然使用空调会增加油耗，但如果在车速高于70公里/小时之时打开车窗，就好像在车辆后面加了个降落伞，会增加很大的空气阻力，克服这部分增加的空气阻力所付出的油耗代价，可能比开空调所消耗的燃油还要多。最后一算总账可能并不划算。

3 巧用天窗通风

天窗是个好配置，只是买车时要多掏些银子。当天窗打开时，可以改善车内空气流通，但对风阻影响又较小，它有时可以起到替代空调的作用，减少燃油消耗，而且比开空调更利于健康。也可以把后车窗打开一小缝，同时只让天窗上翘而不必完全打开，这样做的好处是既能促进车内新鲜空气流通，又不增加燃油消耗。

4 开空调前先打开车窗

在炎热夏天，如要进入被暴晒的汽车内肯定会打开空调，但在打开空调之前最好先打开车窗和天窗，甚至车门，让车内闷热的空气尽快散出去，这样再启动空调时会加快降温速度，从而减少燃油消耗。否则，空调需运转很长时间才会让车内温度降下来。

5 开空调时使用空气内循环

汽车上设有空气外循环和内循环挡位调节。空气外循环是指外面的空气不断进入车内进行交换，如需要外面新鲜空气时可使用此挡位。内循环则是指车内空气不与外面空气进行交换，只在车内循环，从出风口出来，再通过空调进风口(就在前排乘坐者脚部位置上方)进入空调中循环。因此，在打开空调时，要设置成空气内循环，否则空调工作起来会非常吃力，车内温度总是降不下来，因为总有外面的热空气进来。

6 转弯与空调温度调节

你是否有过这样的经验，打开空调行驶在路上，本来汽车温度挺正常的，突然感觉车内温度上升了，有点热，此时一般会顺手将空调温度再调低些。其实，如果你刚转了一个直角弯，甚至是个掉头弯，那么你就不必急于调节空调，因为很可能是因车辆转弯导致你感觉有点热，车内温度并没有真正上升。当车辆转弯后，车内的空气并没有马上跟着转弯，它还保持原来的方向，而车内温度有时是不平衡的，因此驾驶人或前排乘坐者可能会感觉温度上升了。其实你不用理它，车内温度一会儿就会恢复转弯前的状态。

7 上坡最好关闭空调

汽车上的空调是由发动机直接驱动的，当空调压缩机工作时它会影响发动机的动力输出，而且越是发动机排量小的车型，空调压缩机对动力输出的影响越明显。动力较小的车型在上坡时，可以把空调暂时关掉，否则你会将加速踏板踩得更深些才能爬上坡。当爬过坡顶准备下坡时可再打开空调，这样还可利用空调压缩机的作用替代部分制动功能，避免因下坡制动造成的能量浪费。

8 快到目的地时提前关闭空调

当汽车空调启动时，它会增加燃油消耗。当你快要到达目的地时，可提前关闭空调，车内空气的温度不会马上升高，从而可节省点燃油。如果你离开汽车时车内的空气还很凉，则可能造成能量浪费，也就是燃油浪费。在实际使用中可以不断总结经验，看提前多长时间关闭空调才不会影响车内的舒适性，做到既不影响车内制冷，又能节省能量。

9 不要把空调温度调得太低

在使用自动空调时，如果将空调的目标温度调得越低，那么空调所消耗的燃油也越多，并且车内温度太低时还会引起感冒等疾病。根据笔者个人的经验，车内温度在25℃时比较合适，如果后排有乘坐者，可调低到23℃左右。在使用手动调节的空调时，也尽量不要使用最大风量，可使用次最大或中档位风量，车内乘坐者不感觉到难受、闷热即可。另外，如果车内温度和车外温度相差较大，那么从车内出来时会感觉更难受。

省钱指数：	★★★★★
实用指数：	★★★★★

不同挡位节油效果不同

在正常的行车过程中，挡位的正确使用对油耗的影响是非常大的。下面我们就具体谈谈在不同的情况下应当如何正确使用挡位。

1 正常的道路高速挡行驶最节油

在一定的道路条件下，汽车用不同挡位行驶，油耗是不一样的。在同一道路条件和一定车速下，虽然发动机发出的功率相同，但挡位越低，后备功率越大，而发动机负荷率越低，有效油耗率也就越高。而使用高速挡时情况正相反，所以尽可能使用高速挡行驶，少用中间挡。一般用低速挡起步后，应尽快换入高速挡，不要长时间使用中、低挡。

② 拖挡损害发动机又费油

在道路不允许高速行驶时，不要在高挡位勉强行驶。很多人喜欢拖挡行驶，他们认为用高速挡行驶比用低速挡节油。其实这是错误的，这种做法不仅不节油，而且更浪费油，同时还会加重发动机负荷，加速发动机磨损。经常拖挡，发动机就常处于超负荷工作状态，发动机动力不足，油耗就增加；发动机冷却不好，润滑就变差；而且如果温度过高，容易造成爆震和敲缸，从而严重损害发动机。因此，汽车行驶时，要根据路况、车速及时换挡，不可拖挡。

③ 上长坡要及时换挡

汽车上长坡时，有时单靠高速挡的惯性不能冲到坡顶。如果此时感到动力不足、速度下降，应当及时换入较低挡位。如果继续勉强行驶，将迫使发动机减速至不稳定的工作状况，而且随着发动机转速的下降，发动机动力必然急剧降低，造成耗油大增。同时，如果发动机较长时间处于大负荷低转速的状况，还会使发动机冷却效果降低，润滑条件恶化，容易造成发动机爆震，给发动机带来不正常损伤。

④ 避免在低速挡位高速行驶

在低速挡位高速行驶，同样也是错误的。因为靠提高发动机转速提高车速，不仅车速提高有限，而且会因发动机转速太高而使实际油耗大大增加，并使发动机过热，导致发动机的磨损加剧。

省钱指数：	★★★★
实用指数：	★★★★

养成驾驶好习惯

有时人们抱怨养车费用太高，实际上，有些花销都是由于平时驾驶的不良习惯造成的。若要节约，关键是养成良好的驾驶习惯，从一点一滴做起。

1 提前几分钟出门

有些车主，尤其是年轻的车主，喜欢“迟到”，不到时间不出门，因此每次出行时都火急火燎的，在路上使劲开快车，不停地加速，不停地刹车，其实这样是特别耗油的。在高速公路上，要根据汽缸的大小和汽车当时的状态来决定开多快，一般的四汽缸小车最好不要超过时速100公里。据说，这种小车如果开到时速120公里的话，它就会比时速100公里时多耗油20%。因此，车主出行多预留一点时间，轻轻松松地驾车，才能轻轻松松地节油。

2 做好用车费用记录

要想养成良好的节油省钱习惯，最好的办法之一是为你的爱车做用车记录。从买车的第一天起，就找个记录本放在车上固定的地方，专为爱车做用车记录，把加油升数、加油费、行驶里程、过路费、保养内容、维修情况及费用、保险费用、停车费用、事故耗费以及与车有关的其他各种费用等详情，都按时间顺序记录下来，不仅可以更真实地计算出爱车的平均油耗，而且能帮助你根据所记录的数据了解哪些地方可省油耗，哪些地方则不能省。

3 爬坡时不硬撑

爬坡时千万不要硬撑。很多年轻人都有逞强的性格，原本上不去的坡也要“勇往直前”，这样太费油了。不要等到汽车惯性消失时才减挡，这样容易造成换挡困难。此外低速挡不要用大油门，因为变速器转动比是固定不变的，依靠大油门提高发动机转速使车稍许加速，这等于大功率低速度，同样是浪费汽油的。正确的方法是油门只要掌握在动力足够克服上坡阻力即可。如果条件允许，可以高挡高速冲坡。

④ 生气时不要开车

人们生气时心态不平和,尤其不能驾驶车辆。生气时驾车意味着更多的加速和制动动作,这与节油原则相违背。更为严重的是,如果遇到其他正在生气的驾驶员,则可能会和他飙车或产生摩擦,也就是开斗气车,这样不仅会增加燃油消耗量而且不安全。

⑤ 要时刻保持耐心

保持耐心,乍听之下,好像和节油并没有什么关系,其实耐心对燃油消耗量影响巨大。除非你是一位救护车或救火车的驾驶员,否则没有必要为了赶5分钟而把车辆带入疯狂境地。有时看到一些车在车流中不断并线、穿梭,不停地加速和制动,实际上快不了几分钟,但油耗量却会增加不少。

⑥ 养成倒进停车位的习惯

当你参加一个集体活动,在活动结束时驾驶人员一起出来奔向自己的车。此时如果你需要倒车才能从自己的停车位中出来,就会很麻烦,只有寄希望于某位好心人替你阻挡其他车辆,为你让开一条"后路"后,你才能倒出停车位。否则你只能等待其他车辆差不多都走了才能往后倒。这样既费时费事费油,又不安全。然而,如果你在停车时是倒进去的,那么,你就能方便快捷地驶出停车场。

⑦ 估计会停2分钟就干脆熄火

在等信号、排队、堵车或等人时,尽量减少车辆怠速空转的时间。试验证明,发动机怠速空转3分钟的油耗量就可让汽车行驶1公里。怠速运转10秒钟,其燃油消耗就和重新启动一次一样。因此,如果滞留时间超过2分钟,就干脆让发动机熄火。

⑧ 不要像野兔那样激烈驾驶

激烈驾驶是指驾驶动作比较突然,如猛打转向盘、猛踩加速和制动踏板等。国外把这种驾驶动作比喻成“野兔驾驶”，就像野兔那样，不停地扭头看两侧后视镜准备并线，然后突然一“跳”，又进入另一条车道。红灯变绿灯的瞬间，“野兔”驾驶者的起步会比别人更快，很有一副勇往直前、奋勇当先的劲头。这样做的代价都是浪费了宝贵的燃油。

说到底，节省汽油不但能省钱，还能够节省资源，减少环境污染，所以可以说是利己、利人、利社会的好事。聪明的车主们，从现在开始就把这些节油习惯用于实践吧。

省钱指数：	★★★★★
实用指数：	★★★★★

掌握车技更节油

油费永远是令广大用车者头疼的事情，油价上涨所带来的是车主心情的下沉。沉甸甸的油费让人望而却步，越来越多的购车者更看重燃油经济性，当然，在行驶过程中掌握技巧也是降低油耗的简单而有效的办法。

1 踩制动踏板要柔和

为了节省燃油和提高制动系统的寿命，在不得不制动时应尽量柔和地踩制动踏板。如果突然猛踩不仅会造成车内乘坐者不舒服，而且还容易让后面的跟随车辆措手不及。踩制动踏板就是消耗能量，因此要谨慎操作。当然，一切都是以安全为前提，不能为了节油而忽略安全，需要紧急制动时也要使劲用力。

2 要避免快速起步

当车辆起步时，如果车速过快，也会消耗不必要的燃油，并对发动机寿命造成影响。在起步时，由于惯性作用，汽车不能马上就移动，它需要有个比较缓慢的过程才能由静止开始加速。若你一开始就加大动力想让汽车快速前进，只能是“心有余而力不足”，汽车仍要按照物理规律缓慢加速，浪费的自然只能是燃油。

③ 利用重力降低油耗量

下陡坡时，不一定要按驾校老师所教的方式将挡位降至2挡或3挡，你完全可以根据当时情况在保证安全的前提下，保持最大可能的高挡位，完全释放加速踏板，在重力的帮助下，让汽车向下带挡滑行。尤其是在上坡下坡较多的路段，此法可帮你节省不少燃油。应注意的是，千万不要熄火空挡下坡滑行，因为制动系统在没有液压助力帮助时很难从容控制。

④ 用驻车制动器辅助"坡起"

学车时最痛恨的就是"坡起"，从上坡途中重新起步真的不好掌握，需要在实际驾驶中积累经验。驾驶手动挡车在上坡中停车时，一定要拉上驻车制动器，然后放开制动踏板。当准备行走时，要同时踩加速踏板、抬起离合器、松开驻车制动器，这样操作最规范也最节油。不节油的做法则是"坡起"时汽车有后遛现象发生。对于自动挡车，在上坡途中停车时也要踩着制动踏板让车停在坡上，而不是单纯依靠踩加速踏板让汽车停在那里。

⑤ 转弯前要把速度降下来

进入弯道前要减速，这主要是考虑离心力的作用，车速越高，离心力就越大，就越危险，任何车辆通过弯道的速度都有个安全极限。进入弯道前可踩制动踏板来减速，也可让车辆带挡滑行来减速，也就是不摘挡、不踩加速踏板和制动踏板，让汽车自然滑行，慢慢减速，这样既安全又节油。另外，如果进入弯道前不减速，前面车辆有可能突然制动减速，此时你就不得不进行紧急制动，以防追尾。

⑥ 提前15秒准备

当要转弯、并线、出入主路、遇到交通信号、前方堵车时，你至少要提前15秒做好准备，也就是说在进行打转向盘、踩制动踏板、松开加速踏板等操作之前，你最好能有15秒的缓冲时间，以便观察周围情况，选择最佳方案，才可以充分地利用发动机能量(如利用发动机制动来降速)，从而降低燃油消耗。

7 充分利用路标信息

通过观察路标信息，可以提前调整驾驶姿态。如前方有“村庄”或“学校”标志，则可松开加速踏板，将右脚放在制动踏板上，时刻准备制动减速；如果遇到“连续急弯”标示时，也要将加速踏板轻轻松开些；如果路边有限速标示，或GPS提示前方有电子警察测速时，则应提前利用发动机制动减速，这样既安全又节油。

8 尽量提前并线

许多交通事故都是由于并线不当引起的，有人先并线后观察，或到最后关头了才想起并线，这样就不得不紧急制动或紧急加速才能强行插入新车道，不仅增加燃油消耗，还可能造成剐蹭。当需要并入其他车道行驶时，比如准备从主干道出去，或刚进入主干道主路，又或转弯后并入主道，尽量提前观察，提前并线，然后水到渠成地融入新的道路行驶。

9 前方红灯时可滑行

如果看到前面路口是红灯，应提前减速，根据车速和到路口的距离，可先带挡滑行，此时如果发动机转速较高，发动机会停止喷射燃油，并且不再提供动力，反而是汽车拖着发动机运转，利用发动机的运转阻力来促使汽车逐渐减速。当快到路口时，或发动机转速下降到很低时，根据路况可以采用空挡滑行，此时可以让汽车继续滑行一段距离，然后再轻踩制动踏板，将车辆稳稳地停下来。这样不仅可以节省些燃油，而且可以比较平稳的方式将车停下来。

10 心中有个“井”字

知道自己车上4个车轮的位置，就表明你达到了一个极高的驾驶水平。刚学汽车时可能只知道汽车两侧的界线，能让汽车走“双边”；经过一段时间的开车实践之后能慢慢掌握车前后边缘的位置，相当于心中有个“口”字；等到你知道4个车轮的位置时，就相当于心中有“井”字了，但这需要较长时间的练习和一定的悟性才能掌握“井”字驾车技能。在雨天、雪天或泥泞路面上可以自己练习，从后视镜中观看你所走过的车轮痕迹是否是你心中的位置。

省钱指数：	★★★★★
实用指数：	★★★★★

选择合理行车路线

合理的行车路线是节油的最直接体现。因为多走哪怕是1公里的路，也是需要燃油来提供能量的。许多人都曾经在不熟悉的路上绕过圈，在那种情况下，油会在不知不觉中被消耗掉，因此在出行时要选择合理的行车路线。下面是外出选择路线要注意的几点。

1 选择最短行程和熟悉路线

在行车过程中，对行车路线要有所了解，要选择行程短、路况好和熟悉的路线行车。遇到路面施工或损坏，应设法绕道行驶，避免交通阻塞或汽车开开停停而延长时间及增加油耗。

2 尽量避免走走停停

在发动机的各个工况中，低速、大负荷是最耗油的了。在城市道路上行驶，车多路挤，经常频繁地起步停车，使我们在不经意间多耗掉了不少燃油。因此在每次出行之前，都应构想一个良好的行车计划，尽量避免在交通高峰期经过繁忙路段。即使是在自己熟悉的路段行车，也应随时收听交通电台的路况报道，了解最新的路况信息，保持行车顺畅。

3 选择直线，尽量少转弯

试验证明，汽车转弯比直行更费油。这是因为车辆在转弯时阻力增加，将多消耗能量。另外，通过弯道常要加减挡，而每次换挡都会多耗燃油。不要小瞧这多耗的一点油，日积月累就是一个不小的数目。若必须转弯时，入弯之前就应放松油门，将车速逐渐降低至合适时速，并保持稳定，在即将出弯时再逐渐加速恢复到原来的速度。在弯道中尽量避免使用制动，如果减速也最好利用发动机的阻力。

4 选择好路面

行车时要正确选择路面，不要乱冲乱撞。试验表明，在凹凸不平的路面上行驶要比在良好的路面上行驶多耗油20%~30%。

5 上坡要一次成功

车辆上坡时，应根据坡道的大小、长短以及交通情况提前加速，尽量做到一次冲坡成功，减少换挡次数。车辆快到坡顶时，油门要提前收回一点，要靠车辆的惯性使车辆到达坡顶。应尽量使用高速挡，发挥发动机各挡位的最佳经济动力。换挡要及时，不要等动力降低后再换挡，以免造成重新起步，使油耗增加。上坡不要拖挡，不要急加速，下坡时在确保安全的情况下，尽量利用滑行，但不得熄火。

6 提前减速，避免紧急刹车

车辆通过铁道、十字路口、泥路、急转弯等道路时，应提前减速，以滑行代替制动。通过选择适当挡位，做到一次通过，避免在通过时因车辆熄火，将车辆停放在铁道上、泥坑里，造成重新起步，增加油耗，会造成不安全因素。

7 去陌生路段要做好记录

如果你要去一个较远的陌生地方，且路线稍微有点复杂，那么为了防止返程时迷路，最好在去程就做好一些记录，如里程表读数、公路出口名称或编号、周围是否有加油站或餐馆等。这样当你返回时便可根据这些记录，轻易地找到回家的路。这种做法虽然没有GPS导航仪方便，但却非常实用。如果在外迷路，开车绕来绕去，不仅会耽误时间，更会浪费燃油。

8 提前规划行驶路线

如果你开车出门要办好几件事，可以提前规划好行驶路线，看怎样选择行驶路线才能达到最经济的效果。你不需电脑或其他工具来规划，只要你能有这个意识并根据自己的经验提前稍微规划一下就行。虽然不一定选择出最节油的路线，但至少不会选择一个最费油的路线。最费油的安排则是为去加油而单独出一趟车,出去一趟只是买回一箱燃油,这可能是最糟糕的出行安排了。为汽车加油一定是在开车办其他事情的途中,完全没必要为加油而单独出车。

省钱指数:	★★★★
实用指数:	★★★★★

细微之处也节油

许多因素都与节油有关,只要注意细节,从小处入手,也可取得明显的收获。

1 车距与节油

驾车时与前方车辆保持合适的行车距离,不仅是安全的需要,也是节油的需要。因为行车中遇到突发情况而突然制动的事是不可避免的,如果保持合适的距离,碰到前车突然制动时,自己就会有足够的反应时间,即使前车驾驶员轻踩制动减速,自己也有足够的距离,不必频繁制动,既安全又节油。如尾随前车行驶,距离越近越受前车制约:前车减速,尾随车辆就要制动;前车小制动,尾随车辆就要大制动;两车距离越近,制动机会越多。

2 会车与节油

会车时,本车前方若有低速车等障碍物,本车让道要彻底,使对方来车的驾驶员心中有数,以便顺利通过,缩短会车时间。似让不让,让道不让速,让速不让道都容易造成两车僵持在障碍物旁边,或勉强低速通过甚至停车。这样既不安全,又增加低速挡的使用,必然增加油耗。

3 红绿灯与节油

城市中红绿灯多,塞车现象常见,车辆起步频繁。因此,城市驾驶速度适宜中速，不要过快或太慢。城市中的交通信号灯是参照一定的速度“定时”变换的，为防止每到交通路口都遇红灯，要尽量使自己的车速与信号灯变换的节奏同步，才能避免遇红灯而停车。

4 停车与节油

汽车经过长途行驶后，由于发动机长时间处在大负荷运转状态，发动机温度很高，此时应怠速运转30秒左右后再熄火，虽然耗点油，但可以避免立即熄火后造成的局部升温，使发动机热启动困难，反而增加油耗。对停车地点无限制的地方，可在停车前就熄火，以节省燃油。对停车地点有严格要求的地方，应停车后熄火，否则多次起步就要增加油耗。临时停车应视停车时间长短决定是否熄火，也可根据当时的环境、天气等条件而定。停车应避免停在上坡、积水、结冰的地方，以免造成起步困难而增加油耗。

5 轮胎与节油

轮胎气压直接关系到汽车行驶的安全性和经济性。作用于轮胎上的负荷过重容易致使轮胎外观变形、下沉，从而增大轮胎滚动阻力。轮胎的变形和下沉量取决于轮胎承载负荷和胎内气压，因此轮胎的气压要与承载重力相适应。

省钱指数：	★★★★★
实用指数：	★★★★★

加油窍门帮你省钱

目前车主们聚在一起聊得最多的一个话题就是油耗。现在油价居高不下，常有许多车主一边在路上跑，一边提心吊胆地计算着今天汽油花了多少钱。要想节油，除了响应政府号召，尽量买小排量的汽车，另一个长远的省钱之道就是学会加油的诀窍，让车既节油又易于保养。

1 市内行车半箱油

养成经济的加油习惯同样有益节油。从减重的角度来讲，半箱油的车重自然比满箱油的车节油了，自己虽然麻烦一点，但是对节约燃油却很有效。对燃油支出做出预算是很多人节油的一种方式。越来越多的车主每次只加半箱油，为什么呢？为了约束自己尽量少开车。如果加油站稀少，采用这种方式加油就不可取了，四处找加油站造成的消耗和排放也不少，还是一次性加满为好。

2 选择可靠的加油站

大家都知道，不同季节时汽油的热含量有变化，其实即使在同一个季节中也是有变化的。此外，不同加油站的汽油也可能不一样，即便是同一个加油站中不同批次的汽油也可能不一样。据美国环境保护署公布的资料，在冬季中不同加油站的汽油的热含量为10.85~11.4万英热不等，而在夏季中，汽油的热含量在11.3~11.7万英热之间变化。因此，如果可能，通过平常使用考查，选择自己认为比较可靠的加油站加油。

3 加油站排队时别去凑热闹

如果去加油站时看到有不少车在排队等候，那么就换一家加油站吧。因为在排队等候期间，不仅怠速运转会增加燃油消耗，而且走走停停的方式还要求不断踩制动踏板，这也会造成油耗增加。除非是在高速公路服务站的加油站，如不马上加油就可能支撑不到下个服务站，否则还是换一家为好。

4 有油罐车注油时别去加油

如果去加油站看到有油罐车正在往地下油库中注油，建议扭头就走，换一家加油站更靠谱。因为加油站在补充燃油时，很可能将油库底部的沉渣泛起，一些碎渣被搅动起来。如果此时去加油，多会将这些碎渣加入到你的车中，造成发动机油路不顺畅或堵塞，最后不得不去修理厂维修。

5 加油时跳枪即可

当你去加油站加油，油枪跳起时，工作人员一般都会继续加到整数。加油枪跳起来以后，加油机还在工作，用点放式的方法逐渐加到整数，其实这是在花冤枉钱。我们知道加满油的时候，电磁阀会跳起来，这是因为油枪前端感应器(油枪前部金属部分)包在前面橡皮套里面，在加油的同时，加油枪回收从油箱回吐的油气。当传感器集满了油气之后，电磁阀会跳起来停止供油，这时候，你的油箱已经加满到一个安全的程度了。而在这之后，如果继续硬加的话，油面和油枪的油气回收口接触，这时候回收的不再是油气而是汽油了。另外，存在于加油机到油枪的管道间的汽油也有1~2升，如果你是第一个加油的，就当你为大家做贡献了。如果自己用油枪加油，加油机停机后，不要立即松手，此时松开加油枪把手，两秒钟后再取出加油枪。

6 在凉爽的时间加油

因为汽油是以体积而不是以重量计量，热胀冷缩有一定的变化。在炎热的夏季里，无论是在早上或晚上加油，同体积的汽油都会有较多的重量，一箱油可以多跑几十公里。因此，除非不得已，加油最好的选择是在早上气温较低时，如此加到的油“最多”，因为清晨的油都冷凝下来，此时汽油密度最高。

7 不要在陌生地段寻找便宜加油站

现在有不少加油站实行一些优惠措施，价格相对要稍微低一些，如果你正好赶巧走到那里并需要加油，则可以进去加油并可节省些燃油费。然而，如果你到一个相对陌生的地方，需要加油时最好不要刻意去寻找这样的加油站，虽然加油可以省些钱，但你在寻找它的过程中还会浪费不少燃油，综合算来并不一定划算。

省钱指数：	★★★★★
实用指数：	★★★★★

绿色开车“八不要”

对于有车一族来说,“节油”是最时尚也最实惠的词汇之一。油耗高不仅加大了养车成本,同时也增加了汽车尾气的排放,对环境产生了更大的污染。众所周知,油耗高低很大程度上与驾驶者的使用方法有直接的联系。同样一辆车,由不同的驾驶员来驾驶,耗油量可相差8%~15%。那么在驾驶习惯上,我们如何能做到“节能减排”,如何来“绿化”我们的驾驶行为?以下的开车“八不要”或许就是我们平时应该注意的细节,它们可能看起来很微小,很平常,但是综合起来,就能让你的驾驶“省油”不少。

1 怠速时间不要太长

车辆怠速,一般有两种情况。一是有热车习惯的车友,车子启动后,会原地怠速停留一会;另一种情况就是等红灯,或是停车等人的时候。

其实,车子启动后在原地停留超过1分钟,会对发动机造成很大损耗,不但增加了发动机出故障的风险,也增加了二氧化碳排放。而且,原地热车还会使排气管内的积水无法排出,对一些汽车来说会导致排气管生锈甚至被腐蚀穿孔。而长时间怠速同样是增加油耗和环境污染的错误方式。试验证明:发动机空转3分钟的油耗足够让汽车多行驶1公里。为减少尾气排放,停车即刻熄火的做法目前在欧洲已作为交通法规强制实施。

专家建议:车子启动后其实不需要原地热车,只要在车子刚启动时不马上加速,慢行几分钟让引擎热起来,再均匀加速就可以了。在等红灯或者等人时,只要超过1分钟或是堵车怠速2分钟以上,请马上关掉引擎,因为即使只等1分钟,重新启动也比怠速要节油。

2 加速不要猛踩油门

在老司机的节油秘籍中,轻踩轻抬油门是最常见的一项。一次猛力加油与缓慢加油相比,要达到同样速度,油耗会相差12毫升左右,而每公里会造成0.4克的多余二氧化碳排出。另外,急加速造成轮胎与地面的强烈摩擦所引发的噪音污染会是匀速驾驶时的7~10倍,轮胎磨损增加70倍,追尾风险增加4.3倍。而猛抬油门,会使发动机转速突然降低,产生的牵阻作用会抵消一部分行驶惯性,并使汽车产生“颤动”,从而使耗油量增加。

专家建议:开车时请尽量避免一脚深一脚浅,想想破费的荷包,还不赶紧命令你的右脚更温柔些。

3 自动挡车不要猛踩加速踏板

不少开自动挡车的朋友都认为,只要挂上4挡位一踩加速踏板就万事大吉了,殊不知自动挡车也讲究驾驶技巧。一般来说,起步时1挡的齿轮转动比较大,所以很快就会进入2挡,但从2挡以后变速器的响应就比较有讲究了,因为这时只要你稍稍重踩加速踏板,行车电脑就会默认驾驶员需要更大的动力,随即就会推迟换挡的时机甚至降挡,而此时驾驶员若稍微抬起加速踏板,电脑就会默认动力足够,按车速升高一个挡位。

专家建议:自动挡车应尽量轻踩加速踏板,让汽车尽量以较高挡位行驶,这样对节省燃油比较有利。

4 不要低转速换挡

有的老司机开车节油,其中功夫就体现在换挡时机的把握上。要想车子获得最佳的输出动力,发动机、加速踏板和挡位的默契配合十分重要,而只有发动机在2000~3000转/分钟时,才能获得不错的效果。试验发现,当发动机在2000~3000转/分钟之间换挡时,扭矩比转速不足或空转时大1.4%,此时发动机的磨损却能减少2.6%。

专家建议:多关心转速表,很多时候比关心车速表更重要。如果是新手,就请副驾帮你多盯着些。

5 不要低挡行车

较低的挡位意味着较高的发动机转速和油耗。研究数据表明，路况相同、速度均等的条件下，4、5挡的爱好者平均油耗仅为7.9升；3、4挡的爱好者油耗为9.1升，而2、3挡的粉丝们油耗会是多少？11.7升！

专家建议：如果现在还在埋怨自己的车油耗高，那么最好先自问平常最忠于哪个挡位，你会发现原来是你错怪了爱车。从现在起，尽量用高挡位吧。

6 不要频繁变道

实验证明，汽车在转弯时比直行更费油。这是因为转弯时阻力增加，车辆会多消耗能量。通过弯道时常要加减挡，而每次换挡也都会多耗油。不要小瞧这多耗的一点油，积少成多会是一笔不小的开销。

其实频繁变道与过弯的情况比较类似，变线需要频繁改变速度、急加速、刹车，从而使大量的燃油在完全没有发觉的情况下变成没有充分燃烧的有害尾气。

专家建议：频繁变道不仅增加油耗，还加大了事故发生的几率。所以在堵车时，请耐心排队，别乱插队，因为乱插队的车不一定就比别的车跑得快。

7 不要把车速放得太低

车速慢就能节油？错了！实际上，最节油的方法是匀速行驶。在风速低时，最节油的时速是70~90公里。车速低时，活塞的运动速度低，燃烧不完全；而车速高时，进气的速度增加导致进气阻力增加，这些都使耗油增加。

专家建议：城市道路限速一般都在90公里/小时之内，即使在车少的情况下，也应保持匀速行驶。另外，开车时千万别打手机，因为边开车边打手机，势必会降低你的车速，增加了油耗，更不安全。

8 不要急刹车

每一脚急刹车的成本至少是1毛钱，这并非是危言耸听，其中成本包括汽车的发动机油嘴刚刚喷出的新鲜汽油以及刹车片的损耗和轮胎损耗等。更有害的是，90%以上的追尾都是由前车急刹车造成的。

专家建议：刹车实质上是一种能量转化的过程，制动意味着能量的消耗，而急刹车更是意味着以更多能量的消耗为代价。在城市道路上，时停时走的行驶状况会特别耗油，所以在通过交叉路口、下坡时，都应提前抬起油门，使汽车自然减速达到"以滑代刹"的目的，尽量减少急刹车。

省钱指数：	★★★★★
实用指数：	★★★★

纠正节油的误区

油价越来越高，节油越来越受关注，"节油秘籍"也层出不穷。很多车主虽然有环保节能的意识，但对节油技巧一知半解，偏听偏信，因而出现了很多"误区"。所以，不管是出于环保理念还是节省费用，积累一些节油技巧和经验是很有必要的，而了解节油误区无疑是其中的一项"必修课"。

1 标号高的汽油能节油

有些人认为同等数量的汽油，标号高的比标号低的耐用，跑的里程更多，实际上这是一个误区。汽油标号与其辛烷值有关，标号高的辛烷值也高，抗爆性就越好，适用的发动机压缩比也就高。因此，对同一辆车而言，只有使用与发动机压缩比相适应的标号汽油才最节油，使用过高或过低标号的汽油，结果都会适得其反。

2 故意低转速驾驶

故意让引擎在低转速区间内工作也是一个不小的误区，驾驶者故意低速高挡位行驶会加剧引擎的负担，而过低的转速也会让引擎的燃烧不充分形成积碳。更有甚者，在起步的时候故意不踩油门，说是为了节油，但缓慢的车速给公众道路增添了负担。最为合理的驾驶方式就是让引擎的工作转速更多地处在经济转速区间内。

3 空挡滑行节油

有些车主在车辆下坡或者减速时，习惯挂空挡滑行，觉得这样会更节油。这样做不仅违反交通法规，对于电喷车来说事实上也并不节油。由于大多数电喷发动机的控制系统具有减速减油或断油功能，所以电喷车高速带挡滑行时才会更节油，放空挡相反会更费油。

4 不预热可节油

车辆首次启动时进行预热，对发动机的润滑、运行有很好的保护作用。不过，有些车主节油账却算得很“精”：每次预热1~2分钟，少说也要花几角钱，一年下来多花一大笔。这种做法，尽管每次启动能少烧几角油钱，可由此造成对发动机的损害要比那点油钱多得多。特别是化油器发动机更需要预热过程，即便是电喷机，如果启动后就起步，由于缸体受热不均容易造成损害。

5 短暂停车熄火可节油

车子熄火不工作肯定能节油，但还存在另一个问题：发动机每次启动的瞬间油耗都很大，通常会高出正常工作状态20%左右，孰省孰耗不能一概而论。此外，发动机作为车子的心脏，多次熄火、启动势必降低其使用寿命，这也是不能不引起车主们重视的。

6 手动挡比自动挡更节油

手动挡比自动挡节油似乎是很多车主根深蒂固的观念，现在可能要稍做改变了。在以前，自动挡这一概念在很大程度上被局限在普通四前速自动挡上。在汽车技术发展快速的今天，五速自动挡、六速自动挡甚至七速自动挡都已经配备在一些新车上，变速箱齿轮比的设计也因此发生了一些变化。手动挡比自动挡节油的说法已经不再是一种科学的说法了。此外，由于驾驶技术和驾驶习惯上的不同，手动挡车型比自动挡车型耗油也是很有可能的。

7 排量越小越节油

一般来说，小排量车型比大排量车型耗油少，但这也不是绝对的。很多排量大的车型由于采用轻量化车身，同时也配备了先进的发动机配置，实际油耗并不高，很可能比小排量车还要少。

8 动力越足越耗油

大功率、大扭矩很容易令人联想起高油耗。其实这跟厂家对车型的调校有很大的关系。有些发动机技术先进，其产生的动力输出非常平顺充沛，线性好，在常用的转速范围内就可以达到最大输出功率和峰值扭矩，充分支持车子行驶。这种情况下车子不会出现想象中的高油耗。相反，小马拉大车的情况倒不少见，由于动力不足，油耗反倒直线上升。

9 迷信节油产品

市面上的节油产品很多，而且都宣称节油效果不错，有的甚至能达到30%~50%。仔细分析就发现这里面有“假”。如果真的有那么好的节油产品，估计汽车厂家早就用上这些技术来提升自己的竞争力了。不过，目前市场上有些品牌的节油产品还是有些效果的，大致能节省5%左右的油耗，但价钱都相对较高，能不能省钱，还得花上几个月的时间比较、算账后才能见分晓。

省钱指数：	★★★★★
实用指数：	★★★★★

第五章　故障维修

精打细算妙应对

俗话说“买车容易，养车难”，大笔的费用支出让很多私家车主感到无奈。很多私家车拥有者常常抱怨，除了油价的不断飙升外，最让他们“闹心”的还有维修保养费。别看这小小的代步工具，它要是出了毛病，能让车主的腰包瘪下去不少，甚至常常有车主为车而掏空腰包。那么，有没有既放心维修，又省钱的方法呢？其实是有的，在用车的过程中，只要你用心计划，还是能找到一些省钱招数的。

汽车维修，省钱有道

养车费用能不能省？其实只要花些心思，除了国家硬性规定的税费外，不少费用都有节约的空间。以下是几位精明车主的养车“省钱之道”。

1 充分利用免费检测

如今，汽车厂家越来越重视售后服务，由此为车主带来的好处就是能经常享受免费的检测活动。这些免费检测活动很多看似简单，甚至一些车主认为这种活动似乎没有实质性内容，其实这些免费检测活动是非常有好处的。车主可以利用这些免费检测活动对爱车全面体检，及时发现一些潜在的故障予以排除，省去了将来的高额维修费用。

2 小病自己看，大病找“医院”

各种养车费用里最具伸缩性的要属维修保养了。比如一辆捷达车在保修期内，不管是维修还是常规保养都开到4S店，在那里做一次包括更换机油和三滤的常规保养，费用大约在500元左右，其中工时费和材料费约各占一半。但如果过了保修期后，建议你改去汽配城做常规保养和处理一些小毛病，不但材料便宜，工时费也只要二三十块，同样的保养项目至少能节省一半费用。

3 汽车“三包”，自己换件

许多有经验的车主一般都会自己更换简单部件，比如机油、空滤、雨刷等。假如去专业维修站，不仅零配件价格高，而且会被收取一定的工时费，非常不值。

有的车主对车比较在行，小毛病通常自己解决，去汽配城买材料，然后自己做车辆保养。如4S店一桶SJ级专用机油为95元左右，而在汽配城花不到90元就能买一桶壳牌黄喜力机油，而且还是SL级的。做轮胎换位，4S店一个轮子30元，汽配城4个轮子才10元，这样花在维修保养上的钱肯定比别人少得多了。

4 小病常看，大病不犯

当车子开始出问题的时候，往往是严重故障的开始。如果你对这些小故障视而不见，毛病也不会自己变好，带着故障行车，形式上推迟了修理，省了修理费，实际上是算错了账。一开始出现的小问题，最后可能形成大毛病，并带来不便，甚至可能造成昂贵部件的损坏，你就有可能要花一大笔钱来修理汽车了。所以千万不要小瞧了那些小毛病，而应发现问题及时修理。修理车子小毛病时，也有一些省钱的办法，在配件上可以“打主意”。如修车时需要更换零配件，最好自己去正规的配件商店买。一般情况下，可比修理厂的配件要便宜。

5 选择自己放心的定点修理厂

当你的车过了质保期后，为节省维修费用，常规维护就不必到专业4S店进行。车主可选择自己熟悉的质优价廉的修理厂定点维护和处理小毛病，此种修理厂不但材料便宜，工时费也便宜，同样的保养项目至少能节省一半费用。这种做法，既可使修理工熟悉你的爱车，快速维修车辆；又可节省很多维修费用，省心省力。当然，碰到大的故障和项目还是必须去专业修理厂解决。

6 尽可能少解体维修

许多车主都有这种感觉，自己车的某个总成(如发动机)在解体维修后便一发不可收拾，隔一段时间就要“住院”治疗。为什么会出现这种现象呢？原因是多方面的，主要涉及修理工的装配技术和配件质量等方面。为了避免车辆过早进入维修期，你最好尽可能少解体维修总成，利用各种先进的保养设备和手段，对汽车进行免拆保养，不仅可以避免由于解体保养给汽车总成和部件造成的不必要损伤，还可大大加快汽车保养的速度，提高保养质量，从而降低维修的总费用。

省钱指数：	★★★★★
实用指数：	★★★★★

判断修车的最佳时期

汽车过早或过晚进行维修，都会无形中增加修理的费用。具体什么时候修理最合适，要根据具体情况进行分析。我国过去长期执行"计划修车"的原则，不管车辆状况如何，只要行驶里程到了规定的里程数，就要进行某一级别的修理(如大、中、小修)。这样，往往因车辆使用条件不同或计划不同，造成修理不及时或提前修理。而且对修理的部位采取大拆大卸的方法，拆后检查，把那些不该修理的零件也拆装一遍，破坏了零件之间的已经磨合好的配合面和装配精度，使车辆性能下降，甚至出现故障，无形中增加费用。

1 视情修理

随着新技术、新材料在汽车上应用，使汽车的性能和质量不断提高，无故障行驶里程也越来越长，汽车的修理作业也相应减少。因此，过去传统的修理原则、规程，已经不再适用于现在的汽车修理作业。同样，也不能依据汽车的使用者(或拥有者)的意志随意确定修理时间和项目，更不应等到汽车发生严重故障，甚至不能行驶才送去修理。"视情修理"的原则由此应运而生，它可以解决"计划修理"等不合理方案而造成的浪费问题。依据这一原则，能在汽车尚未发生故障但已有故障隐患的时候，实施相应的修理作业，使汽车恢复良好的技术状态。

具体而言，"视情修理"是建立在检测诊断和技术鉴定基础上的，根据驾驶员反应情况，经过检验员或检测设备的诊断和技术鉴定，确定汽车是否存在某种故障，视其情况不同，确定维修作业范围和作业深度。

"视情修理"体现了技术和经济相结合的原则，既防止拖延修理造成的车况恶化，又防止了提前修理造成的浪费，充分利用了车辆各总成机件的工作能力，减少了不必要的维修作业，做到物尽其用而不影响运输生产。

驾驶员是"视情修理"原则的监察官。驾驶员除做好日常维护外，还要在行驶过程中仔细观察仪表、开关等监控设施，了解汽车状况，判断是否有异响、是否烧机油、经济性如何、制动是否可靠、转向有无跑偏摆振、电器工作是否有问题等等。驾驶员一旦发现汽车技术性能发生变化，就要及时找专业检验员或到检测站用不解体检测设备或仪器进行检测，这样既可对汽车进行综合性检测，也可以做单一性能检测，依据检测结果，酌情安排维修作业，从而把握汽车的最佳修理时机，减少了修理费用。

省钱指数:	★★★★★
实用指数:	★★★★

汽车故障应“对症求医”

在车主们看来,4S店在保修期外价格偏贵,街边的美容店、快修店又良莠不齐,似乎没有一种将解决问题与节省支出完美结合在一起的渠道。对此,一些有经验的老司机与业内专家表示:无论是定时常规保养,还是不定期地对车辆进行清洗、维修,只要对现在市场上的各类4S、快修店、美容店特点进行一番鉴别,这种修车烦恼就可迎刃而解了。

1 4S店:可借其设备检测车况

4S店以“前店后厂”式的布局作为它的特色,因为它们针对的是某一品牌旗下的各种车型,很多零配件的更换、供应,都比其他汽修企业配置齐备。而且,当车主在某品牌的任何一间4S店购买新车后,都可以在一定的保质期内,享受到免费服务。因此,在对方的保质期内,车主若需要保养维修,都不妨将车开到该4S店内。但是,4S店也有明显的缺点:如店方的程序略嫌死板,且手续繁琐,特别是节假日前后,排期可能较长,这不但会耗费车主大量的时间,而且不少配件、工时费收费偏贵。所以,不少车主过了免费保养、维修期后,维修保养会另觅其他途径。

专家建议:4S店的长处在于它的检测设备比较先进,尤其擅长需要读取数据、解码等故障。因此,如果爱车出现像ABS灯、气囊灯等故障灯显示,还是回4S店检测比较好。考虑到接下来的维修费用可能不菲,车主不妨借对方的设备检测之后,再找自己熟悉的大型修理厂进行维修。此外,如果是原车钥匙出现故障,建议还是通过4S店解决。如果找外面提供配汽车钥匙的地方,他们的设备未必能够彻底解决,甚至有些美容店、维修店反会从中做手脚。

2 快修店:个别部件专项维修

快修店是以快速维修为主,兼顾其他服务的店。这种快修店,店面小且专,有自己鲜明的特色。如有些快修连锁机构擅长提供路面缺油、缺电等突发故障的急救但不涉及大修的项目;部分汽车微修连锁店专做车身漆面、玻璃划痕修复。这类快修店都侧重于快速解决车辆故障。它们最大的优势是交接车手续简便,修车时间较短,节约了车主的时间。在收费方面,这类快修店的报价也比较大众化,为多数车主认同。尤其是它的地理位置选择在市区甚至小区内,对车主而言比较方便。但是这类快修店由于条件所限,一般只针对车辆的个别故障,在硬件设备上,难以和大型汽修厂、4S店比拼,因此,如果车辆“伤势较重”,这类快修店就难以彻底解决问题。

专家建议:这类快修店有自己的专长,甚至专攻汽车维修中的一两项,其维修效果与4S店、修理厂没有明显差别,往往以时效性取胜,如专门修复车身漆面和玻璃划痕的微修店,即为一例。如果爱车只是“微恙”,车主想快速解决,而且不苛求效果,不妨通过这类快修店、微修店解决。此外,若需要检测、更换爱车的部件,比如轮胎,可选择那些轮胎品牌的直营店,对方具备专门的检测设备及水平,而且车主还能够享受到一系列的售后跟踪服务,如米其林轮胎的驰加店及固特异轮胎的授权店。

3 美容服务店:精明观察随机应变

市面上的汽车美容服务店,绝大部分除了洗车外,都会兼营其他项目,如贴膜、修补轮胎甚至为车主进行改装。不可否认这些美容店的个别技工有过人之处,但总体来说,在还不知道对方底细的情况下,车主有必要进行多方观察了解,除了观察该美容店的规模外,可以侧重观察一下它的主营项目及经营的其他用品、配件的品牌。比如,有的车主想在洗车之余,选择一下店里的音响,就可以观察一下对方经营音响的品牌会不会过于杂乱,店内是否设置了试音室。

要注意:有的美容店经营的品牌太多,比起专门经营代理固定几种品牌的美容店会稍逊一筹。还是选择专业的改装店,效果无疑会更加理想。不少汽车美容店都有贴防爆膜的业务,但并非所有的店都具备贴膜的专业水平或者完善的售后跟踪服务。而部分美容服务店具备厂家授权资格,主营的就是防爆膜,在这方面的施工专业性,会比一般的综合服务店更强,但其他保养项目上,却未必是强项。有车主就曾反映,他前段时间在某大型汽车服务公司办事,见对方的门面装修得相当气派,于是想在该处贴防爆膜,后来他才得知,其实该店贴膜业务是“外包”给专业的贴膜店，若车主直接选择到对方店中贴膜，价格会便宜得多。故应了解服务店的经营范围后再决定是否将爱车的维修、保养、加装项目交给对方处理。

专家建议：由于车主们经验尚浅，可以在观察中了解对方的主营项目，从而有针对性地对爱车进行维护。有时，对方可能在进行洗车、打蜡过程中，“意外”发现车辆的其他故障。这时，车主们不要过分轻信，建议到不同的地方进行检测比较，并咨询身边的专家。

省钱指数：	★★★★★
实用指数：	★★★★★

省钱需要选好修车厂

汽车的修理是避免不了的，所以只要你有一部私家车，就要进修理厂。这里的问题是，如何才能找到一家技术好服务又好的修理厂呢？笔者认为可以从以下几个方面着手。

1 选择特约维修

车子需要修理，首先应当去的是汽车制造商的特约维修站。千万不要随便就近找个地方修，因为许多小的汽车修理厂，由于技术力量不足、维修人员专业素质差、设备缺乏等原因，他们的维修质量较低。而厂家的特约维修企业则不同，他们不但拥有先进的专用维修设备和检测仪器，而且还有厂家专门提供的维修技术资料等，可以提供正规、优惠的原厂配件，且人员素质好、业务能力强、修理作业规范。在特约维修厂修车还能缩短修理作业时间，而且由专业技术人员(经过制造商培训)修理，修理质量比较高，汽车寿命也有保障。

2 选择技术、设备先进的修理厂

随着电子技术的发展，电脑技术的完善，电子技术在汽车制造领域取得了飞跃性发展，如电子控制燃油喷射、电控自动变速器、制动防抱死系统、自动巡航、牵引力控制、安全气囊等，这些先进的技术基本取代了传统的修理方法。

③ 选择一个固定的修理厂进行定期保养维修

选择一个固定的修理厂进行定期保养维修有两个好处：一是通过多次维修保养，你对这个厂家的维修质量与价格、信誉就会有更多的了解，当车辆发生较大的故障时，可以更放心地将车交给他们；二是维修人员对你这辆车的情况也会有较完整的了解，便于诊断故障，修理起来也会更顺利。

④ 汽车修理标准

下面就是考察汽车修理厂技术服务水平的几个要点：

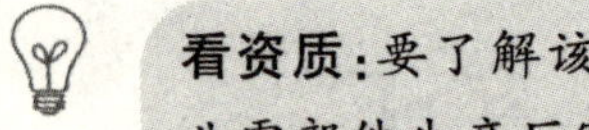

看资质：要了解该修理厂是否有国家颁发的等级证书，整车或专业零部件生产厂家的认定证书。

看库房：看看该修理厂是否有专门的零部件仓库，如果有说明零部件的管理是严格可信的。

看设备：看看该修理厂是否有专用的诊断设备、维修设备和专用维修工具。

看停车场：看看停车场里的车多不多，大部分车型属于哪个类型，是否与自己的车相同。因为修理工技术的高低有很大的一部分在于经验的积累。

看管理：看看该修理厂是否有严格的管理制度。如车辆进出厂交接制度，检验制度以及出厂保修制度、员工服装、设备工具摆放及工作环境是否整洁等。

看员工素质：看看该厂是否有高素质的维修技师，是否有职业上岗证书、接人待物是否彬彬有礼、维修时是否为客户着想等。

了解口碑：可以通过与其他客户交谈，了解该修理厂口碑，确认是否将爱车托付给他们。

省钱指数：	★★★★
实用指数：	★★★★★

修车三忌讳，一定要铭记

俗话说人吃五谷杂粮哪有不生病的，所以说无论社会怎么变化，医生永远不愁饭吃。你别看汽车虽然只喝汽油，但生个灾、闹个病也是常有的，所以只要你还开汽车，那汽车的“医生”就不会丢了饭碗。仔细想一想，医生和汽车修理工的相同点还是非常多的，有的大夫为了多拿奖金、返利，给病人开高价药，甚至有黑心大夫用假药，花钱无数还得病上加病。修车也是这样，所以当你找到了一家可靠的修理厂，把自己“生病”的爱车交给了他人，要注意以下几点。

1 不要隐瞒真实情况

修车就像看病，你自己清楚哪里不舒服、哪里有问题却不告诉大夫，那就成了瞎耽误工夫了。修车时一定要真实介绍车辆情况，千万不要向修理人员隐瞒，比如自己或他人是否已经进行修理过，自己是否在车辆的驾驶过程中有过错误操作等等，因为这些情况对修理人员迅速找到故障原因有很大帮助，说清楚情况既能节省你的宝贵时间，又可以减少工时给你省钱。

2 不要不信任修理工

没错，是有一些黑心的大夫存在，但也不乏白衣天使。由于当前有一些修理厂采用不正当手段对待客户，以获取更高利润，所以使得很多客户对修理厂的信任度极低。但在实际中，对于一些有规模、管理规范的修理厂来说，它的可信程度还是很高的。另外，如果从你的车进入修理厂那一刻起，你就戒备森严地监视着业务员、修理工的一举一动，很容易引起工人的反感，修理效果反而会打折扣。另外，对修理工指手划脚也是不信任的表现。除非你真的对汽车修理非常了解，否则你所需要做的事就是尽量多地提供车的情况，而不是去指导工人，因为在修车上，他们是专家。如果你遇到的修理工需要你去指导他怎么修车，那我劝你还是赶紧另投别处的好。

3 不要提不切实际的要求

修车和治病一样是一项科学的工作，不能只从省钱、省时间的角度考虑问题。需要慢慢调理1个月才能好的病，你非得要求大夫给你开一天就好的药，那不是找别扭么？修车也是一样，例如，车漆修补的工序很复杂，它包括修整、填补、底漆、面漆等多达十几道的工序，如果你不考虑工作量的大小，一味要求修理厂一天甚至半天完成工作，这样的做法显然不合情理，工作质量也难以保证。

省钱指数：	★★★★
实用指数：	★★★★

识破欺骗伎俩，拒绝冤枉支出

汽车修理厂也是要讲究经济效益的，所以他们在给客户做维修的时候，有些职业道德比较差的维修人员就会根据不同的对象，做一些弄虚作假的勾当。如果你一点也不懂的话，就只有上当受骗的份了，有时可能要多花不少的冤枉钱。下面介绍一些常用的欺骗手段。

1 价廉但质量差

用低廉的价格吸引客户，这是很多小维修站经常使用的伎俩。但是价廉并非都是好事，这往往要你以牺牲质量为代价。如果好的维修质量可以使你平安使用半年的话，那么他们所提供的维修质量只能维持你一个月的使用期。这样算下来，你最终可能付出的维修费用要更高昂。所以选择维修站时要小心，不要只着眼于收费的高低。此外还可要求维修站提供全面检验项目的清单，以免日后汽车出现问题，追究责任。

2 多换不必要的配件

这是许多人都碰到过的情况。例如汽车的刹车片由于经常磨损达到了寿命极限，这个时候只要换上刹车片就好了，但是，维修站的人却说整个刹车系统都必须更换，甚至连传动系统都会因此受到“牵连”。有些维修站为了增加收入，恨不得你将汽车身上的所有零部件在他们那里都换个遍。那么，我们对此应采取怎样的措施？又怎么才能知道他们是欺骗还是真的需要更换呢？其实大可不必惊慌。如果你认为维修站的修车费似乎不合理，而且你的汽车坏在你的保险公司指定的修理站的所在地，那你最好还是把汽车送往指定点检验，看看是否需要更换整个系统，或者把汽车送往信誉度好的修理站。

3 更换劣质配件

更换汽车零件是最容易鱼目混珠的了，尤其是现在国内的汽车配件市场混乱，假冒伪劣产品屡禁不绝，产品质量良莠不齐。维修站由于有利可图，是乐意为这些质差价低的产品提供方便之门的。就拿某种车型的离合器来说，压盖总成加上动盘总成的价格为160元左右，而假冒产品可能也就是40元左右，很多维修站就利用职业之便以次充好，蒙骗顾客。这种时候你可以要求维修站出示产品的“身份证明书”，这样便可知道产品来自哪里，还可以根据经验辨认是不是假冒产品。另外，也可以在知道汽车的毛病根源之后，自行去自己信得过的汽配店购买零件交给维修站代为更换，以减少受骗上当的机会。

4 小毛病说成大问题

部分汽车维修厂，由于维修人员的水平低下，经常查不出真正的毛病而乱说一通，明明是刹车片失效，却说是车轮、传动轴有毛病，甚至是发动机出了大毛病。如果听任这些人去修理，不仅要多花冤枉钱，对车辆的损害也很大。对这种情况的最好办法是绝不能轻信，要敢于怀疑，如果认为维修人员的说法出入太大，还是多征求一下别处的意见为好。当然，平时多积累一些汽车维修、使用常识更重要，这样即使到时候找不出汽车的毛病，也不至于被当做“外行人”而敢于大胆骗你。

5 预防“杀熟”

“杀熟”就是一些维修人员，不仅欺骗“生人”，而且连“老顾客”也不放过。可以说，杀熟是很难防备的。因为是熟人，你对维修人员已经建立了信任关系，所以他说什么你都会相信，而杀熟者正是利用了你的信任而对你做起了手脚。因此他们不用多费唇舌就能叫你心甘情愿地额外多花一笔修理费。对此，唯一的办法就是不论熟人生人一律提高警惕，不论修理什么，都要问个为什么，并且仔细对照、索要修理记录。想做手脚者见你如此认真,为防止露馅,也就不敢继续欺骗了。

6 依托车险定点赚钱

这是一个最容易让车主麻痹的问题。由保险公司定了车损,然后去他们指定的维修厂修理,似乎一切顺理成章。但这中间的猫腻一样让你触目惊心。比如保险公司定损的是进口玻璃,维修时都给你换成国产玻璃,这中间的差价就归他们了。原厂的大灯、保险杠等等,统统给车主换成副厂的。这其中的猫腻,普通的车主是不容易发现的。对于这类诚信不好的保险公司的定点修理厂,尽可能不要去,而是坚持去4S定损修理,以防止不法人员勾结保险从业者玩猫腻。

7 维修厂擅自骗车险

骗保是很多修理厂的发财门路。有的客户为了免费做个油漆什么的,竟然也同意修理厂用他们的车骗保,这存在着极大的隐患。更有甚者,一些修理厂在根本没有征得车主同意的情况下,私自把车开出去骗保赚钱。对此,最好不要将自己的爱车留在修理厂过夜。如要留车的话,行驶证、保险单都要记得随身带走,不要留在车内给利益之徒以可乘之机。更不要为了一些蝇头小利,主动答应修理厂做假现场骗保险。

事实上修理厂的黑幕还很多,我们只是揭开了冰山一角。对于车主来说,首先应尽量避免随便去街边的小修理厂修理。其次是车主要多留心眼,不要将车放到修理厂就算完事。最后,我们应该具备一些汽车维修常识,从源头上杜绝修理厂可能采取的欺骗手段。

省钱指数:	★★★★★
实用指数:	★★★★★

有效避免修车时被骗

日常生活中,我们经常可以听到车主们倾诉修车的烦恼:工时费高、零配件心里没底、甚至修完了车还照样出问题等等诸多状况。从目前汽车维修市场鱼龙混杂的情况看，要改变现状不是一时半会儿的事。那么，作为车主应该如何做才能避免修车时被骗呢？

1 车主要多学习汽车知识

当汽车维修技术人员分析故障原因时，许多车主感觉像听天书一般，因此就不愿意听，把所有维修的大权交给修理工，但是每次修车都不尽如人意。其实，这与自己对爱车的无知有很大关系。作为车主要对自己的车有一定的了解。修车时，即使不懂也要装懂，目的是判断其论述是否符合逻辑而不是犹豫不决或故弄玄虚。所以在排除故障时或排除故障后，一定要让承修方说明引起最终故障的原因。业内专家表示，不少车主因为对汽车的机械构造不感兴趣，不愿意去学习汽车知识，结果在修车时就容易被维修人员蒙骗。

专家提醒：作为车主，只有了解自己的车，懂得一些汽车知识，才能真正避免被维修店“忽悠”。作为女性车主，则可以请“懂行”的人士陪同。维修店大都是看人说话，对于懂行的人不敢太离谱。

2 不怕费事多方比较价格

在很多消费者的印象中，同一品牌的4S店的维修和特约服务站的零部件价格及工时费应该都是一样的，其实不然。一般常用配件，各家店的价格基本都是一致的，但是一些不常用的配件，因为更换频率不高，各家店间价格还是有差别的，有些时候还会相差很多。不同维修店的进货量和进货时间不同，就造成冷配件价格不一样，所以在更换时，车主不妨多打几个电话，比较一下再更换，就会省下不少钱。

专家提醒：一般来说，名气大的维修店，有时配件价格、工时费也会相对较高。相反，一些地理位置偏的店或是新建的维修店，则会在配件价格、工时费等方面有所优惠。

3 了解维修站情况避免被骗

现在汽车维修厂内，厂家授权的售后服务站也有好坏之分。车主到一个维修站时，应当静下心来，坐在休息区仔细看一看，听一听。主要是观察一下其他车主与维修站的交流情况，或者是通过其他客户了解一下需要的信息。

此外，对于车辆的同一故障也可以多咨询几家维修厂：车主可以先将车送往原购车的4S店检验，再到别的维修厂寻找参考意见，不同维修店的维修人员就算是骗人的，说法也不至于雷同，总会露出破绽。

专家提醒：“货比三家”，多方对比之后，往往会让车辆故障的原因查得更清楚，车主也可以从中判断出哪些是正确的，哪些是自相矛盾的。

4 修完车切记留手续

交车后店方一般应交给客户的凭证包括施工单、材料单、外加工单、检验合格证、合同书正本、财务收据、出门证等。车主一定要妥善保管这些东西。对于大一些的故障在接车时尽量与厂方检验员共同试一下车，以确定在双方认可的情况下故障是否排除。

专家提醒：如果店方证、票不全，不能交付给车主，车主也可以拒绝交费或接车，并向机动车维修管理部门举报。

省钱指数：	★★★★★
实用指数：	★★★★★

走出修车中的误区

汽车维修中存在着一些误区，这些误区是在汽车制造水平低，汽车修理工艺落后，检测手段缺乏的年代逐渐形成的。近年来，随着科学技术的飞速发展，随着新材料、新技术、新工艺的广泛使用，汽车的设计制造水平大大提高，汽车故障的不解体检测诊断技术日臻成熟，汽车维修工艺也在不断更新。但是，人们的认识滞后于科学技术的发展，汽车维修中残存的误区还有很大影响，其表现主要有以下10种：

1 滑动轴承的轴瓦必须刮削

认为发动机的曲轴轴承，连杆轴承换新时轴瓦必须刮削，不削轴承不能保证有良好的接触面，甚至把刮削轴瓦当成汽车修理中的顶尖技术。事实上现代汽车，尤其是小型发动机，其曲轴轴承和连杆轴承上轴瓦的耐磨合金涂层很薄，绝不允许刮削，只能按相应的尺寸选配。如没有合适尺寸的曲轴承，则必要时可用基孔制的方法磨削曲轴，以求得合适的配合间隙。

2 发动机水温怕高不怕低

发觉水温高后，千方百计查找原因，而水温低则认为是正常的。其实现代汽车发动机水温偏低危害也很大，因为水温低会使混合气燃烧不充分，功率降低，油耗增加，并造成润滑不良，还会引起排放超标。

3 气门间隙大点比小点有劲

其实若气门间隙大，则升程小、开度不够，使进气量不足或排气不畅，恰恰降低了发动机功率。

4 加机油愈多愈好

认为发动机加机油宁多勿少，加少了容易烧轴承，加多点关系不大。其实机油加多了照样会对发动机造成危害，斜置式发动机和V型发动机尤甚。它通过增加曲轴、连杆的转动阻力，又使其飞溅到缸壁上的机油增多，造成燃烧室积碳增加。所以机油加多了，会降低发动机功率，增加磨损，也会引起排放超标。

5 空毂润滑不可靠

认为轮毂内塞满润滑脂，可保证轮毂轴承的润滑或认为只在轴承上涂覆润脂的空毂润滑不保险，必须把轮毂中间的空隙装满润滑脂。其实这样做不但浪费润滑脂，而且影响轴承散热，对轴承的润滑有害而无利。

6 制动好坏看拖印

制动拖印说明车轮已经抱死，而现代汽车恰恰要求车轮不能抱死，并为此专门安装了防抱死装置。实际上车轮制动力最大值是在车轮抱死之前的边滚边滑(滑移率为20%左右)状态。车轮一旦抱死，汽车的转向失灵，车轮滑移，极易发生故障，所以并不是拖印越长越好。

7 断电器触点间隙大点比小点好

其实触点间隙过大，触点闭合时间短，使点火线圈一次侧电流减小，引起高压火花弱，反而造成发动机不易启动。

8 点火提前角或喷油提前角宁大勿小

点火提前角(或喷油提前角)过大，易引发爆燃(特别是在发动机急加速或汽车起步、上坡时)。发动机产生爆燃，则启动阻力增大，对活塞损害极大，严重影响其使用寿命。

9 紧固螺栓宁紧勿松

其实汽车各部件的螺栓，根据直径、螺距及用途，其拧紧力矩大小均有相应的规定值。达不到规定值的螺栓会松脱，固然不好，但盲目增大拧紧力矩会使被紧固的零部件变形，并造成螺杆伸长，螺纹变形甚至断裂。

10 汽车维护时拆开检查才放心

随着制造水平的提高，现代汽车零部件寿命已大大延长，随意拆检势必破坏已经磨合好的配合状态，使零件的使用寿命大大地缩短。在汽车故障不解体检测技术日臻完善的今天，如果没有发现部件或总成具有明显的故障时一般不要拆检。

省钱指数：	★★★★
实用指数：	★★★★

汽车零件不必整个换

常言道："人吃五谷杂粮，哪有不生病！"同样，你的爱车成天东奔西跑，就算是机器也难保不出问题。当自己的爱车被送进了修理厂，听见修车师傅说要换一大堆零件时，你肯定又要感叹赚钱不易、养车很难了。其实，车上很多零件出故障是不用整个换掉的，只要稍加整修，换些小东西，就可以还给爱车健康，而且还能省大钱。

1 电瓶

冬季时常听到人说电瓶挂点，车子停一晚上就发不动了。其实，这与天气状况有很大关系。汽车电瓶是靠铅酸的电离作用产生电力的，然而在低温下，电离活性会下降，许多用得太久的电瓶在这种情况下很容易有"假性"挂点，当场短路。解决方法是先去买罐电瓶活性剂(一罐大约几十元)加入电瓶加水口，很可能当场就可以"复活"。如果没有加水孔的免保养式电瓶，可试试用热毛巾包住电瓶"暖身"。

2 发电机

车子开动时大灯忽明忽暗，引擎变速也变得不稳定，这很可能是汽车发电机用久了不能发电的缘故。这种问题到了修车厂通常都是让你全部更换，价位从七八百元到上千元不等。其实发电机也不过是由线圈转子和电磁铁组成的，这种东西用铁锤去敲它都不容易坏，因此正常使用下一般不会发生故障。所以，发电机的故障点90%以上都在其中的一颗整流晶体上，这个东西在高温下用久了会坏，然而换一颗新的也不过两三百元。碰到类似情况可以要求修车师傅只换晶体，绝对药到病除，能省下不少钱。

3 供油电脑

一定很难想象供油电脑还会坏吧？其实，那是因为电脑电源有着许多保险丝层层保护它(天有不测风云，保险丝也会不幸烧断)，如果不幸由哪颗感应器回馈了过量凸峰讯号给电脑，当场停止工作也不是没有可能的。当然，供油电脑其实不容易坏，一旦坏了则一定出现了大问题，这时应及时到汽车修理厂进行修理。

❹ 冷气压缩机

到了夏天,冷气不冷的话,那么就得在阳光下烤火。当你把车送到修车厂检查后,确定不是冷气管道破漏,冷媒量也没有减少,然而打开冷气开关就是不见压缩机启动,这时问题的焦点就集中在冷气压缩机上了。然而,有时压缩机不运作并不是主体的问题。如果你把压缩机拆下来发现转动皮带盘并没有卡死,你可以请修车师傅试着把皮带盘上的电磁离合器过电(电线接正极,压缩机体接负极)。如果没有反应,那就单纯是电磁铁的故障了,只要花个一两百块换掉这个东西就行了。

❺ 皮带转轮

引擎的周边运转部件(发电机、冷气压缩机、动力方向器……)都是靠皮带的连接来换取引擎运转动力的。而皮带必须保持在一定紧度下才能完整地传送动力,这部分工作就必须靠相关的皮带转轮来完成。皮带转轮用久造成磨损后就会发出阵阵"吱吱"的尖叫声,修车厂一般会叫你整个更换。其实,只是转轮的轴承出了问题,只要花十多元就能解决。

❻ 水箱

引擎运转时会产生高温,必须借助水循环来散热。当你某天开车到半路,忽然"满屋冒烟",水化成阵阵蒸汽时不要惊慌,这种情形通常只有2种原因:一是散热风扇故障;二是水循环管路破漏。如果修车厂诊断漏水原因是水箱破裂,通常都会让你换个新水箱。其实,这也是可以修的。水箱是由铝材料制成的,如果没有大的破裂,可以用铝焊或铜焊来修补,仅需十元左右即可修好。

❼ 传动轴

你是否遇到过开车时只要一转弯,底盘下就传来"咔哒、咔哒"的声音呢?这种情况的发生往往是由传动轴万向接头磨损引起的,前轮传动车常会有这种问题。如果到修车厂,厂方大多会告诉你整个换掉就好,但价钱也得要好几千元。其实,会发生万向接头磨损的状况,是因为接头外附的防尘套破裂,造成防尘套内部的润滑油脂外漏,尘土漏入。在这种情况下,当然就加速了万向接头的磨损。所以,如果磨损状况不严重，可以换一个防尘套，才一两百元，并且补充润滑油，这根传动轴就还能用上很久。如果万向接头磨损太严重也可以只换接头部分，总之，没必要整个换掉万向接头。

8 刹车泵

机器用久了会坏，但是，放着不用也会坏。对于那些放着很久才开一次的车来说，最容易出问题的就是刹车泵了。由于长久不用，刹车泵内的刹车油缸容易产生锈蚀，进而造成刹车刹单边、刹车不够利的泵卡死情况。这时如果送修，大多数修车厂会叫你将整个刹车泵都换掉。其实，刹车泵的结构很简单，只要花几百块买组泵修理包，换掉生锈的泵活塞、油封就好了，没必要花大钱换掉整组泵。

9 排气管

排气管就像个“受气包”，受引擎排出的高温酸性废气的长久侵蚀，很容易产生锈蚀或出现破裂的情况，使得本来安静舒适的车变成了噪音刺耳的“拖拉机”。进修车厂又是一个“换”字。其实，如果是不大的裂缝，请修车师傅帮忙焊一下，花点小钱就可以解决了。

10 电动天线

或许你也有过这样的经历：进地下停车场时忘了把电动天线收起来，结果，“咔哒”一声，有东西碰到屋顶或铁门了———折断了的天线收也收不进，升也升不直，耷拉着脑袋，实在是难看。不过也没有必要花大钱去修，因为你折断的只是天线部分，只要花几块钱去买根新的换上就是了。

省钱指数：	★★★★★
实用指数：	★★★★★

“十招”识别伪劣汽车配件

车主如果不懂得鉴别汽车配件的质量，那是要吃大亏的。所以，你一旦有了私家车，就必须及时补上鉴别汽车配件质量这一课。例如“正厂”配件与“副厂”配件，它们虽然表面上看起来一模一样，但是真正用起来，其效果是不同的，甚至有着天壤之别。下面是有关专家告诉车主朋友们的鉴别配件质量10法，以供参考：

1 看商标标识

正宗产品的外包装质量好，包装盒上字迹清晰，套印色彩鲜明，一些重要部件如发电机、分电器、喷油泵等，还配有使用说明书、合格证和检验员章，以指导用户正确地使用及维护。选购时应仔细认清，以防买了假冒伪劣产品。

2 看规格型号

大多数汽车配件都有规定的型号和技术参数。如选购电器设备时，应注意检查与被换零件的电压、功率是否一致；选购传动带时，应注意型号和周长。

3 看防护表层

大多数零件在出厂时都涂有防护层。如活塞销、轴瓦用石蜡保护，活塞环、缸套表面涂防锈油并用包装纸包裹，气门、活塞等浸防锈油后用塑料袋封装。选购时若发现密封套破损、包装纸丢失，防锈油或石蜡流失，则坚决不用。

4 看尺寸

有些零件因制造、运输、存放不当，易产生变形。检查时，可将轴类零件沿玻璃板滚动一圈，看零件与玻璃板贴合处有无漏光以判断是否弯曲。选购离合器从动盘钢片和摩擦片时，可将钢片、摩擦片举在眼前观察其是否翘曲。在选购油封时，带骨架的油封端面应呈正圆形，能与平板玻璃贴合无翘曲。无骨架油封外缘应端正，用手握可使其变形，松手后应能恢复原状。在选购各类衬垫时，也应注意检查几何尺寸及形状。

5 看结合部位是否平整、表面有无磨损

零配件在搬运、存放过程中，由于震动、磕碰，常会在结合部位产生毛刺、压痕、破损或裂纹，影响零件的使用，选购时应注意检查。若零件配合表面有磨损痕迹，或涂漆配件拨开表面油漆后发现旧漆，则多为废旧件伪装，这时就要提高警惕。

6 看转动部件是否灵活

选购机油泵等转动部件总成时，用手转动泵轴，应感到灵活无卡滞。选购滚动轴承时，一手支撑轴承内环，另一手打转外环，外环应能快速自如地转动，然后慢慢停转。若转动部件转动不灵，说明内部锈蚀或产生变形，不要购买。

7 看零件表面有无锈蚀

合格的零配件表面，既有一定的精度又有光洁的表面，越是重要的零配件，精度越高，包装防锈防腐越严格，选购时应注意检查。如发现零件有锈蚀斑点、霉变斑点或橡胶件龟裂、失去弹性，或轴颈表面有明显车刀纹路，应重新选择。

8 看铰接零件有无松动

由两个或两个以上零件组合成的配件，其零件之间是通过压装、胶接或焊接加工成型的，它们之间不允许有松动现象。如油泵柱塞与调节臂是通过压装组合的。离合器从动轮与钢片是铆接结合的，摩擦片与钢片是铆接或铰接的，纸质滤清器滤芯骨架与滤纸是胶接而成的，电器设备的线头是焊接而成的。选购时若发现有松动，应予以调换。

9 看总成部件有无缺件

正规的总成部件必须齐全完好，才能保证顺利装配和正常运行。一些总成部

件上的个别小零件若有漏装，将使总成部件无法工作甚至报废。

⑩ 看装配记号是否清晰

为保证配件的装配关系符合技术要求，在一些零件（如正时齿轮）表面刻有装配记号。若无记号或记号模糊无法辨认，将给装配带来很大困难，甚至装错。

省钱指数：	★★★★★
实用指数：	★★★★★

汽车故障，轻易判断

汽车的故障虽然多种多样、表现不一，对于私家车主兼驾驶员来说，由于条件所限，尤其是出游在外时，在判断和排除汽车常见故障方面不可能拥有修理厂的专业检测诊断设备。然而如果汽车出现故障，首先还是要靠自己直观地采用“一看二听三闻四摸”的手段进行判断。

① 眼观

观察仪表：观察电流表、机油压力表、水温表和汽油指示表等指示车辆有关部位的工作情况，如果发现显示数字异常，说明该部件出了问题。

察看外观：如发动机排烟过多，排烟颜色异常；某些部件漏水、漏气、漏油、漏电；车架车身变形，各部件间隙过大或过小等。

察看油液：对常规的油、液、气检查不可忽视。机油、自动变速箱油、转向助力器油、齿轮油、制动液、冷却液、玻璃水、冷气等的检查是车辆正常运行的保证，相关指示灯需亮起，若是发现所有缺少，要及时补充。如自动变速器油颜色由红变紫，且有少量浑浊物，有可能是自动变速器故障。

② 耳听

发动机由于不断变换油门，发出的响声也是不同的，要仔细听发动机声音有无异常。

底盘：不断改换行驶速度，传动系的响声一般随车速的提高而增大，但当车速提高到一定程度后，有些响声反而减弱，甚至消失。

分清响声的类型：如连响与间断响，脆响与闷响，有规则与无规则的声响。分辨并确认哪些是正常的，哪些是异常的。但是如果在发动机内部传出急促的、连续的、清脆的响声，而且伴随着发动机出现怠速不稳，一定要停车请专业人员检查，否则后果可能会很危险。

③ 鼻闻

闻味的方法可为诊断故障提供指导。

焦臭味是制动拖滞、离合器打滑所致。

烧机油、烧制动液能引起特殊气味。

电器工作时烧毁线路会发出焦皮味。

④ 手摸

用手摸制动鼓、后桥壳、变速器外壳来判断该部件的温度。

如手摸感到发热，温度大约为40℃左右。

如感到烫手，但可坚持几分钟，则温度在50~60℃。

手根本不能忍受，温度至少达80℃。

省钱指数：	★★★★★
实用指数：	★★★★★

判断汽车故障有次序

汽车故障的判断通常以外部观察为主，有的可通过车上仪表直接显示出来，如水温、机油、充电状态等；有的可通过对发动机动力下降、油料消耗增加、排气颜色异常、发动机不易启动或启动后工作状态异常等现象的观察来判断。需要特别说明的是：一旦汽车出现异响、零部件功能失常、操纵系统失控等现象时，则需要通过对汽车的多方检查，综合分析、诊断，得出结论。通常，汽车故障的判断顺序如下：

1 由表及里、由上到下

由表及里、由上到下地检查故障，可以很好地搞清楚故障的病状和特点，而且这也符合故障排除的原则。从最容易发生故障的部位查起，之后再逐步向难度较大的内部找寻故障。这一原则概括地说，就是要求你做到能随手检查的项目先做，能在发动机舱做的检查不去底盘做，能在外部做的项目不去里面做。

2 由简到繁、先易后难

要求从故障的简易处查起，逐步到繁琐部位。某些驾驶性能障碍可能是由很简单的原因引起的，比如线束折断、插接器松动或锈蚀、真空管龟裂或脱落等。为此，能以简单方法检查的可能故障部位应优先予以检查。又如：当制动不灵时，优先查看储液罐的制动液数量，而不应去查看车轮制动器蹄片间隙的大小。

3 由外到内

汽车结构复杂，判断故障时遵循由外到内的原则非常适宜。因为，有些故障涉及到总成的内外部，而拆卸查看总成内部比较麻烦。为此，查找故障时，应先查清外部后再查找内部原因。

4 先思后行，先熟后生

“先思后行”就是应针对故障现象先进行分析，明确可能引起的原因，确定优先检查的方向和部位，做到有的放矢，避免对无关部位做无用功，这样也可以防止有关应检项目因漏检而多走弯路，这种原则尤其适宜对汽车电控故障进行诊断维修。

针对车辆设计制造及使用环境等因素，还要求做到“先熟后生”。也就是说，某些车型的某些故障，常见以某个部件或总成为主，这样根据平时积累下来的经验，待再次发生故障时须首先对这些部件或总成给予检查。另一方面，在汽车电控系统中，有些故障的成因很复杂，牵涉的应检项目和部位也很繁琐。为此，可以先挑一些熟悉的部件、部位或系统给予优先检查。事实上，这样也能达到事半功倍的效果。

省钱指数：	★★★★
实用指数：	★★★★★

细听音识故障

车辆异响在汽车维修上占了很大比例，给车主带来不少麻烦。所谓异响就是不正常的响声，它的出现往往预示着车辆存在某些故障。不过，不要把听音识故障看得多神秘，只要你对汽车稍有了解，针对异响仔细听一下，一些小故障就能轻松解决了。

1 车身异响

这个问题通常是因为车身刚度不够，导致车辆在行驶中发生变形，车门与车框摩擦或者抖动，或有的地方脱焊而产生钢板之间的摩擦等。在门窗上贴胶条或者在摩擦部位垫橡胶等方法或许可以减轻或者消除异响，但只是治标不治本。有些车的风噪较大，这和造型有关，如果确认没有增加多余物品，没必要再行解决。还有一些车的车身部件之间固定不好也可能造成异响，一般紧上螺丝就能解决。

2 发动机舱异响

这里出现异响的可能性比较大。皮带啸叫声比较刺耳，一般是因为皮带打滑造成的。发动机在运转时如果外部有金属件摩擦的声音，一般是发电机、水泵、转向助力泵轴承损坏的表现。发动机运转时有漏气的声音，则可能是排气系统堵塞、真空管泄漏或断裂造成的。需要提醒的是：如果是发动机内的异响，车主多半是无法解决的，最好送厂检修。

3 变速箱异响

车子在行驶过程中如果变速箱内部有“沙沙”声，而踩下离合器后又消失，则说明噪音来源是变速箱故障，有可能是变速箱轴承或齿轮磨损、轴承斑点所致。

4 刹车噪音

刹车时刹车盘片摩擦尖叫多半是因为刹车片过度磨损或者不合标准，更换即可。

5 轮胎异响

轮胎响声一定是有节奏的，而且车速快频率就高。如果是低沉的“啪啪”声，多半是轮胎胎面变形、起包、磨损严重或气压不足；如果是“嗒嗒”声，则可能是胎面夹杂了小石子；如果轮胎呼呼呼地响，而且车身明显抖动甚至方向跑偏，不用说肯定是轮胎爆了，下车换胎吧。

6 悬挂异响

如果一遇到颠簸四个轮子附近就发出“咚咚”或者“咔嚓”的声音，多半是减震器出了问题或者悬挂部件松动造成的，请一定要到正规维修店仔细检查。因为悬挂部件不仅与乘坐的舒适度有关，还事关行车安全，千万不可小视。

省钱指数：	★★★★★
实用指数：	★★★★★

汽车维修妙用香烟

众所周知吸烟有害健康，但香烟在汽车维修中却有一些妙用。其不但可以用来诊断故障，而且还可以利用它在受条件限制或紧急情况下临时应急。

1 检查气门密封性

可用吹烟法检查气门与气门座的密封性。把研磨好的气门洗净并按顺序放入气门导管内，用手或合适的工具(如螺丝刀杆)顶住气门，然后吸一口烟，向已经洗净的进气岐管口和排气岐管口吹烟，以嘴贴合岐管口不泄漏为原则。同时观看气门与气门座之间是否有烟冒出来，如没有烟冒出，则说明该气门密封性良好，否则应重新研磨。

2 检查油路、气道是否畅通

可用吹烟法检查化油器各油道是否畅通。化油器的油路、真空管路较多，特别是进口化油器，通常在清洗化油器后需要用压缩气体吹通，但到底哪些油道或真空气道真正吹通了，操作者很难判断，因此造成返修的现象也不少。如果用吹烟法则可十分容易地搞清每一条油路或气道是否畅通。例如，一化油器车无怠速，把化油器拆开洗净，并用气体吹干、吹通后，用一根软管(如真空分电器提前管)吹烟，先从怠速油量孔，再到怠速空气孔，最后烟雾从化油器怠速混合气调整螺丝处漏出，才算怠速油道和空气道畅通，否则应再重新检查，直到冒出烟雾为止。同样，还可用吹烟法检查变速器、后桥壳、转向器壳上的通气孔和发动机曲轴箱气体单向阀(PCV)是否畅通，然后根据情况给予检修或更换。以上这些部件如果堵塞，将会使内压升高，容易导致各相关部位漏油进而引发故障。

3 烟灰可作研磨剂

在修理汽车化油器，特别是进口汽车的化油器时，常常会遇到三角针阀磨损而且不容易买到的现象，这时可用香烟灰配点机油作为研磨剂，对三角针和三角针阀座进行研磨，将会取得较为满意的效果。

4 烟丝可堵漏

在行车途中如果遇到水箱漏水可用烟丝来临时应急。首先用手钳将水箱漏水处的较大的散热片夹扁，然后拧开水箱加水口盖，同时拆下节温器(以防堵塞)，接着将烟丝揉碎，从加水口放入水箱中，最后启动发动机，分别用低、中、高速运转，这样放入的烟丝就会被吸附在水箱芯管漏水处。当察看到水箱漏水处被堵住后，盖好加水口盖，即可行驶。但需要注意的是这只能是用做应急，回场后应用高压水清洗并彻底焊修水箱。

5 过滤嘴可用做润滑毛毡

用香烟的过滤嘴可临时代替分电器凸轮上的润滑毛毡。首先将香烟头上的过滤嘴剥去外面的纸，将适量的过滤嘴丝塞进原毛毡金属夹内(注意不可过紧或过松)，露出的多余的部分可用剪刀剪齐，然后在代用毛毡(即丝絮)上滴几滴机油即可。

省钱指数：	★★★★★
实用指数：	★★★★★

行车“故障”，巧妙处理

驾车外出难免会出现一些故障，现将一些简便易行的应急修理方法介绍给大家：

1 雨刮器片异常震动

行车时如果车辆的雨刮器片出现异常震动，要检查雨刮器片的胶皮是否老化，如果没有老化，用钳子把雨刮器片各关节处和夹橡胶片处的间隙调小即可；如果老化，则必须及时更换。

2 灯光昏暗影响照明

在行车过程中，车的前后灯光假如出现昏暗现象，可以用酒精将灯泡擦拭一遍，消除指纹和油污，这样做还能延长灯泡的使用寿命。

3 气门弹簧折断

气门弹簧折断后，可将断弹簧取下，把断了的两段反过来装上，即可使用。也可找一片1毫米厚的铁皮，剪成比弹簧直径大1毫米的圆片，内部剪一圆孔，直径小于弹簧直径4毫米，外部边缘每隔6毫米剪成4毫米长的裂口，剪好后每隔一片折叠一片，形成双面弹簧座槽，再将弹簧调头装入铁皮槽内即可使用。

4 油箱损伤

机动车在使用时，一旦发现油箱漏油，可将漏油处擦干净，用肥皂或泡泡糖涂在漏油处，暂时堵塞，如果能用环氧树脂胶粘剂修补，效果更好。

5 油管破裂

油管破裂时可将破裂处擦干净，涂上肥皂，用布条或胶布缠绕在油管破裂处，并用铁丝捆紧，然后再涂上一层肥皂。

6 油管折断

油管折断时可找一根与油管直径相适应的胶皮或塑料管套接。如套接不够紧密，两端再用铁丝捆紧，防止漏油。

7 缸盖出现砂眼而漏油、漏水

如果缸盖出现砂眼，可根据砂眼大小，选用相应规格的电工用保险丝，用手锤轻轻将其砸入砂眼内，即可消除漏油、漏水。

8 油管接头漏油

机动车使用时，如果发现发动机油管接头漏油，则多是油管喇叭口与油管螺母不密封所致。可用棉纱缠绕于喇叭下缘，再将油管螺母与油管接头拧紧；还可将泡泡糖或麦芽糖嚼成糊状，涂在油管螺母座口，待其干凝后起密封作用。

9 进、出水软管破裂

发生进、出水软管破裂的情况，可根据破裂的程度采取相应的措施。如果破裂不大，可用涂有一层肥皂的布将漏水处包扎好；如破裂较大，可将软管破裂处切断，在中间套上一个竹管或铁管，并用铁丝捆紧。

10 风扇皮带断裂

风扇皮带断裂时，可把断了的皮带用铁丝扎好或采用开开停停的办法把车开走。

11 螺孔滑扣

螺孔滑扣会导致漏油或连杆松动，使其无法工作。这时可用锤子将原螺杆捶扁，使其两边膨胀增大再紧固好，但不可多次拆卸，可待下次保养时修理。

12 膜片、输油泵膜片破裂或折断

可拆开油泵取出膜片，用胶木板、电工绝缘胶木或塑料布按原形状、尺寸锯锉成型，并磨光装上。

省钱指数：	★★★★★
实用指数：	★★★★★

第六章　汽车出行

安全行车最省钱

行车安全不仅关系到驾乘人员的安危，还是让你省钱的窍门之一。每一位车主都知道，违章违法是从来不会逃过罚款和赔偿这一关的，而且还都不是小数目。另外，车辆在行驶过程中，有时会遇到一些意想不到的事件进而发生险情。作为驾驶人员，就有必要对车辆在行驶中遇到的紧急情况进行分析，找出预防和应急措施，最大限度地减少事故发生及其危害程度。所以说，安全行车，保证不出问题，才是最省钱的。

安全常识须牢记

开车关乎生命，一些小细节都可能引发大问题，司机尤其要注意以下几点：

1 驾驶车辆时不要吸烟

有些司机在开车时习惯吸烟，这是很不好的习惯。科学研究认为，烟草中含的氰化物会造成吸烟者的视力损伤，由于吸烟者体内的代谢发生了故障，容易使氰化物积存体内，积存过多时就会发生慢性中毒，产生“烟草中毒性弱视”。得了这种病，双眼视力会慢慢减退，总是感觉视线模糊，不辨颜色，这是导致车祸的祸首。

2 劣质润滑油影响发动机寿命

有些人为了省钱不愿购买高质量级别的润滑油，认为只要勤换油就不会有问题，便宜的润滑油一样可以达到润滑的效果。实际上，在抗磨性、抗氧化性等使用性能上，低质量级别的润滑油无法满足新型发动机的使用要求，它的润滑效果远不如高质量级别润滑油。如果为一台要求使用高级别润滑油的发动机选用低级别的润滑油，容易导致发动机的异常磨损，缩短发动机的使用寿命，增加维修费用。所以，选用低级别或价格低廉的劣质润滑油是一种极不明智的做法。

3 安全气囊

众所周知，安全气囊由折叠好的气囊袋、充气器、点火器和氮气固态粒子组成。它通过布置在车头的几组感应器来感应车辆与外物的撞击度，以确定是不是要引爆安全气囊。当车辆遭受正面撞击时，它会在瞬间充气膨胀以保护司机和乘客。针对安全气囊，在平时的开车当中应该注意些什么问题呢？为此，我们的汽修专家给司机们提了几点建议：

首先，平时开车不能去敲打或撞击安全气囊所在的部位。如果车内的安全气囊指示灯或故障灯未亮，就证明安全气囊处于正常的工作状态，司机可以不管它。

其次，在平时的维修、养护过程当中，对安全气囊的检测不应马虎，应用专业的解码器等工具由专业的技术人员来进行，否则将会引爆安全气囊，而引爆以后的安全气囊必须更换，否则将起不到保护人身安全的作用。

最后，如果司机发现安全气囊灯报警，应该尽快到正规修理厂用检测仪查出相应的故障，尽早排除。

4 养车须遵守保养规定

定期保养车辆可以及时发现和消除隐患，防止故障的发生，提高车辆的完好率，并有效地延长汽车的使用寿命。一般情况下，车辆保养的周期和内容已经在车辆的保养手册中说明。但是有一些司机往往不重视定期保养，并把保养简单地认为是更换三滤、机油等消耗品，往往忽视了按照保养规定的项目进行全面的检查和修整，由小问题导致大故障，直到车辆出现故障后才去修理，这样反而得不偿失。

5 油箱宜加一半以上

一些司机常常只加小半箱油，临近耗尽时再加油，这样做有很多坏处：由于油箱中的燃油泵上部经常得不到燃油冷却，容易发热烧损；燃油临近用尽时，燃油泵有时吸不到油，工作十分吃力，发动机不易启动，司机得反复多次启动，造成燃油泵线端触点发热烧蚀。如果更换一只燃油泵需好几百元，用这种方法控制用油实在是因小失大。

省钱指数：	★★★★★
实用指数：	★★★★★

和开车陋习说“再见”

如今，拥有一辆属于自己的轿车，不仅是身份和地位的象征，更是一种时尚和快捷生活方式的表现。但是，如果你存在一些不良习惯，那么危险一旦发生，后果将是不可设想的。

1 前胸口袋里装硬物

很多司机喜欢将日常用品装在上衣口里，比如，手机、钥匙、笔或名片夹之类。这在平时并无大碍，但如果是在开车时，可就蕴藏着极大的危险。一旦发生事故，哪怕仅仅是紧急刹车，你的身体肯定会剧烈地向前冲，在安全带的作用下，你会被紧紧地勒住。换句话说，安全带对你的身体的压力非常大，此时如果你的前胸口袋里装着手机等硬物，就很有可能遭受伤害，甚至导致肋骨骨折。

有关专家建议，为了避免此类事故的发生，只要在开车前翻翻衣兜，将口袋特别是前胸口袋里的东西，尤其是一些硬物拿出来，放在车里即可，浪费不了多少时间。

2 系硬而细且带金属扣的皮带

相信每个开车男性都拥有皮带，可是如果你系的是那种又硬又细，且带有金属扣的皮带，你的开车行驶就增加了一定的“危险系数”。皮带位于腹部，正是安全带通过的地方，当事故发生时，细长的、带有金属扣的皮带会在安全带的作用下，深深地压向你的腹部，这样会加剧损害你的内脏。

有关专家建议，男性在开车时，尤其是开长途车时，最好解下皮带，暂时用柔软的布带替代一下。

3 行李厢内乱放杂物

有些司机粗心，常常将车内搞得一塌糊涂。尤其是驾驶旅行车时，因为这类车的乘坐空间与行李厢空间是相连的，如果你将杂物放在后座，把行李厢变成了“杂物间”，又不用网罩固定这些杂物。就产生了潜在的危险。通常车子的后方行李厢空间是所谓的“防撞溃缩区”，也就是说车子万一发生撞击，留做吸收后方来车的撞击力，以此缓解危险性。可是，如果这里被你堆得满满的，一旦发生事故，这些杂物在力的冲击下短时间内会变成“重磅炸弹”直击你的后脑。后果如何？你自己心知肚明。

怎么办？赶快改掉乱堆乱放的坏毛病吧。如果有些东西必须放在行李厢内，记住一定要用网罩固定起来。

4 将头或身子探出车窗外

开车时将头探出窗外吐痰，这只是个别人的行为。且不说这种行为有多不雅观，从开车的安全性来说，也令人担忧。在你将头探出车窗外的一瞬间，如果从旁边疾驶而过一辆汽车，很有可能使你的头部受到伤害。

解决上述问题很简单，在车里准备一个垃圾袋，将痰吐在里面，下车后再把它扔进垃圾箱。

5 开车不扶方向盘

开车时，要打手机就避免不了单手扶方向盘的情况，如果是开手动挡车，再加上换挡，很容易出现双手都不扶方向盘的情况。在路上开车，经常可看到有些司机左手接打电话，右手挂挡，不用手扶方向盘。这些司机可能是自我感觉良好，认为自己开车技术水平够高。但如果这时车速过快，路面出现坡、坑颠簸时，手不能把握方向盘而偏离方向，则交通肇事概率极高。

无论开车技术有多好，驾龄有多长，双手都应时刻不离方向盘，保持最警觉的开车姿势，就算是开手动挡车，右手一换完挡后，也要立即握回方向盘，确保汽车方向时刻都在自己的双手操控之下，以策万全。

省钱指数：	★★★★★
实用指数：	★★★★★

女性驾车安全须知

如果说回转到几年前，女性开车还是一种时尚的话，那么，在今天，女性开车已成为一种普遍现象。随着人们生活水平的提高和女性在经济上的日益独立，女性开车族迅猛增长。但屡屡发生的交通事故也表明，女性开车“麻烦”较多。为此，笔者特搜集了女性开车族开车的几大安全注意事项，供女性开车族朋友参考。

① 车内少挂饰物

爱美是女人的天性,女性驾驶员往往喜欢把车也打扮得漂漂亮亮的。有的女士特别喜欢在车的后窗上吊些小玩具,在玩赏之余,也希望为自己增加运气。其实恰恰相反,哪怕这些可爱的小东西是你的吉祥物,也会对行车造成妨碍。它们使后视镜的视线受到阻碍,行车的安全系数就大为降低了。如果两侧再有装饰品,那连左顾右盼也有些困难了。另外,还要注意不要在车内放置过多有棱角的装饰物,这些都会在发生事故时增加危险系数。总之,适当放些心爱的小饰品是可以的,不能放太多或放置过大的饰品,否则肯定会影响到开车的安全。

② 不摆芳香剂与香水座

女人天生爱香水的味道,而打开大多数女性开车族的车门,就能闻到扑面而来的各种芳香剂或香水的气息。其实,这种做法于健康于安全都没有益处。首先,芳香剂会使车内塑料件加速老化,对人体健康无益。再者,目前市场上很多香水座使用的都是有一定重量的玻璃香水瓶,这种香水座安放于仪表台上,如果汽车在高速行驶中发生碰撞,沉重的香水座会飞起来将人打伤。因此,车内不建议摆放芳香剂与香水座。

③ 注意系好安全带

有些女士因为害怕安全带把漂亮的衣服勒出皱纹,就不愿意系安全带,这是很危险的。驾车的女士们一定要记住:要美丽,更要安全。

④ 用发带束好长发

留长发的女司机最好将长发扎起来或临时固定住,以免遇到紧急情况需要猛回头时被头发遮挡视线。车窗不要开得过大,以免车内气流把头发吹乱遮挡视线,若再戴着眼镜就更容易顾此失彼,手忙脚乱了。此外,女性司机还爱在开车时照镜子,偶尔看一下当然可以,但不要把此当成习惯。

5 不要带尼龙手套开车

天冷的季节,女车主们一般愿意戴着手套开车,但是不要戴尼龙手套,因为尼龙面容易打滑,在拐急弯或大弯时很危险。你可以选择露出手指的手套,或有细微颗粒的布手套,但最好准备一副单层翻毛皮制的手套,大小要适中。

6 不要穿高跟鞋驾车

因为鞋跟过高,在踩离合器及油门踏板时容易失去控制,导致不必要的危险。若非穿不可,那可以在车内另外准备一双低跟便鞋。

7 带孩子切忌一心两用

驾车的女士中,车内带小孩的情况较多,此时的安全就更显重要,严格地说较小的孩子应有专用的座位,并用安全带牢牢地将孩子固定在车座上。若没有儿童汽车专用座椅，凡是学龄前儿童或还不能够使用安全带的儿童最好和成人一起乘车。如做不到,应让孩子坐在后排。此时,更要专心驾车,不可一心两用。

8 要培养"车感"

开车经验丰富的人对车的感觉也比较敏感,即常说的"车感"好。女性在"车感"方面往往稍差。以轮胎为例,凡是轮胎没气以后汽车动力会明显不足,而且车不走直线。若是前轮没气,方向盘的操纵明显会发生变化,比较容易发觉;而后轮则不如前轮容易发觉。当你在行驶中突然感到动力不足,且车有甩尾现象时应立即停车,检查轮胎是否被扎破。

9 交通规则没有"女士优先"

很多交通事故的案例表明,女性开车容易出现很多问题,由于并线时不注意照顾左右车辆而发生事故的比例很高。这多半是因为她们只顾开车,发现并线时已晚,又忙不迭猛打方向盘所致。所以出行前要想好目的地路线,行驶中注意路标提示，早做准备。切不可不顾左右而我行我素，交通法规中可没有“女性优先”。

省钱指数：	★★★★
实用指数：	★★★★★

新手安全行车锦囊

据调查，在我国发生交通事故的驾驶者一半以上是驾龄不足三年的新手，发生死亡事故的67%的驾驶者也是驾龄不足三年的新手。这是因为司机开车的时候需要有一个反应时间，这个反应时间由两部分组成，一部分是判断时间，另一部分是操作时间。如果驾驶经验非常丰富，判断时间很短，操作时间也不会长，并且判断的准确率很高，发生事故的几率就小。新手由于缺乏开车经验，判断时间很长，虽然也判断对了，但由于反应不及时，很容易导致交通事故。可见新手上路安全是根本，所以我们给各位新司机准备了一个安全行车锦囊，希望大家都能开开心心上路去，平平安安回家来。

1 心里要稳

新手首先应该调整好自身的心理素质。面对飞驰的车流和纵横交错的道路，千万不要过于紧张，切记保持冷静的头脑。新手上路后经常是紧张得不知道该怎样挂挡、转向等，看到身边有其他车辆通过就恨不得抬着车子走。其实，只要冷静地按照规章驾驶就不会有问题。

2 做好准备

新手上路前要在心里盘算好驾驶的要领，并熟悉一下制动踏板、加速踏板、离合器，以防紧张的时候将加速踏板当制动踏板踩，那可就太危险了。熟悉一下各挡位，因为新手上路一紧张就会忘记增减挡，汽车的怒吼声对于新手来说经常是充耳不闻，将手动挡车开成自动挡车是很多新手经常犯的错误，所以上路前这些基本的操作一定要烂熟于心。

3 降低速度

对于新手来说,速度不是最重要的,安全问题才是关键,所以新手开车不要贪快,要慢开慎行,遵守交通秩序,给别人留出足够的空间。另外,新手经常会在自己车的后风挡贴上“新手”的“招牌”,这确实是个好办法,哪一个老司机不是从新手成长过来的呢？所以只要你不是在马路上横冲直撞，对于新手的很多小错误,老司机还是能够宽容的。即便你的车速较慢,后车一看到“新手”二字也就多了几分宽容。

4 不要驶入快行车道

新手上路尽量不要驶入快行车道。快行车道里车的速度都比较快,留给开车人应付突发事件的时间较短。新手一旦反应不及就会出现恶性的交通事故,没有充足把握之前还是老老实实在慢行车道锻炼吧。

5 做到“四不跟”

不跟大型货车:大货车又宽又高,遮挡行车视线,既容易随着闯红灯(大货车过去后红灯亮了),又要冒着车上货物有可能掉落而伤及自己的车辆和人员的危险。

不跟空驶出租车:空驶出租车在路上“扫活”,一旦发现有人打车,可能会突然制动,这时跟得太紧又处理不当,就容易造成两车甚至多车的连环追尾。

不跟大小公共汽车:大小公共汽车与大货车一样,容易遮挡行车路线,且有些公共汽车进出站强进猛出,有时还不打转向灯,这时如果跟随距离过近或在其两侧就比较容易发生事故。

不跟外地车:外地车一般对市区道路不如本地人熟,故行车较慢且犹豫不决、忽左忽右。另外,有些外地开车人可能由于长途跋涉而疲劳驾驶,容易出危险。

6 坚持“四认真”

只要做到以下的“四认真”，安全行车即可基本保证。

要有好的开车心态：行驶途中所遇的情况千变万化，思想上的一点疏忽，就会导致操作上的失误，从而酿成车祸。

严格遵守交通规则：开车要自觉按照交通信号、警示行车，千万不能酒后开车、超速行驶和疲劳开车，严格杜绝“人祸”因素造成的事故发生。

操控汽车要熟练：驾驶者应熟练起步、停车、方向、换挡、制动5大基本功，提前应对道路各种行驶状况。

认真保养好自己的汽车：要随时观察引擎、底盘、方向、制动等有无异常现象，一经发现，要及时排除，坚决不能让爱车“带病”工作。平时还要做好汽车的清洁、防腐、润滑、紧定、调整工作。此外，按时更换机油、起步前暖车3~5分钟，也是每位司机应该注意的。

省钱指数：	★★★★
实用指数：	★★★★

开车错觉要当心

有些司机由于经验不足，容易因错觉而出现失误。因此，司机应注意了解这些不利因素，以便在行车中加以克服。

1 距离错觉

开车行驶时，路面上各种车辆、车型、颜色、行车状态千差万别，司机有时会对外界车辆的间距，跟车间距产生错觉。常见的是参照物少时，感觉偏远；雨、雪、雾天气中感觉间距要比实际间距大，车速越高误差越大；车辆越小、颜色越浅，感觉距离越远。如果仅凭感觉不注意观察路边界标是很危险的。

② 速度错觉

速度错觉主要表现为速度惯性错觉。因为司机是根据观察到的景物的相对移动参照物来估计车速的，景物移动的多少和丰富程度，会导致对车速的误判断。在市区道路上对车速易于估高，在加速时易于将车速估高，减速时易于估低；长时间以某一速度行驶后会对该速度适应，对其余速度感觉不适，从而产生速度错觉。

③ 弯度错觉

测试表明，一般对于未超过半圆弧的弯道，常感觉其弯度比实际中的大，弯道越长感受到的弯度越小，在弯道上行车也会因参照物而影响对弯度的正确判断。因此，弯道行车时，降低车速特别重要且不容忽视。

④ 颜色错觉

颜色给人的感受最易引起错觉。如深颜色让人感觉重而且较实际形态偏小；浅色的明亮色彩，让人觉得其形态较大，距离较近。如黄颜色车辆容易识别，即在于使人感觉车辆比实际体积大、距离近。在五彩缤纷的市区道路行车，容易被明亮的色彩吸引而忽略浅色物体，留下隐患。

⑤ 光线错觉

光线的明亮变化会引起司机的判断错误。加强光的直射、车头迎光、夜间灯光闪烁都会引发错觉，光线明亮变化也会引起眩晕般的视觉不适，给行车安全带来不利影响。在开车行驶中应避免光线变化的刺激，避开强光或明亮的物体，如霓虹灯、镜面反射等，在遇到光线频繁变化时，立即减速行驶。

⑥ 时间错觉

司机心情愉快时，感觉时间过得很快；心情烦躁时，感觉时间过得很慢。另外，在任务紧急,急于赶路时,也会产生时间长的错觉,以至于盲目开快车。

省钱指数:	★★★
实用指数:	★★★★

出车时间有讲究

为了确保驾驶安全,在出车时间的选择上也有讲究,如有可能,驾车外出时应尽量避免以下时间:

1 饱餐后

吃饱以后,人体的消化系统处于满负荷的工作状态,体内的血液较多地供给肠胃以消化食物,从而使大脑和四肢的供血量相对减少。当大脑的血液和氧的供应量不足时,脑细胞的活力就会下降,神经系统受到抑制,这时就会出现注意力不集中、思维迟钝、困倦等状况;当四肢供血量不足时,就会感到疲劳无力。在这样的情况下行车就容易发生事故,同时还容易引起胃下垂、消化不良、肠胃炎等疾病。因此,在饱餐后应休息半小时,或者利用这段时间来检查车辆。

2 空腹时

当人体处于饥饿状态时,体内的血糖浓度会下降,神经系统和脑组织细胞也会因血糖供应不足而导致思维活动受抑制。这时人的定向力和识别能力都会减弱,并容易出现心神不定、精神恍惚、注意力分散、全身乏力、头昏眼花等症状。驾驶员往往会因为应变能力差、判断和操作失误而导致事故的发生。因此,在饥饿时,应尽量避免出车,若是驾车途中感到饥饿,应及时停车进食或吃一些糖果等,稍事休息后再启动车辆。

3 凌晨

受生物钟影响,凌晨3~5点,人体的高级神经中枢活动处于低潮,再加上这一时段路上人少车少，环境单调，很容易让人精神松弛。若驾驶员为了早出车而强迫自己起床，更会给身体带来一系列不适应症状，而彻夜行车情况尤甚，对于一些体质较差的驾驶员还可能会诱发疾病，应坚决避免。

4 热天午后

盛夏午后，特别是12~14点，驾驶员经过一上午的紧张驾驶，大脑神经细胞十分疲劳，中枢神经的灵敏性已经有所减弱。再加上气温高，路面亮度对眼睛的刺激较大，瞳孔缩小，更容易使人产生昏昏欲睡的感觉。此外，天热也会导致睡眠不足，在人体生物钟的作用下，此时人的反应会变得迟钝，注意力不集中。况且，夏日午后路上行人稀少，驾驶员不仅会麻痹大意，也会不自觉地提高车速，从而增加交通事故的几率。

5 看电视后

在连续观看2~4小时的电视节目后，由于受电视机显像管中电子枪发射的强烈电子束的影响，人的视觉神经和听觉神经都会表现出疲劳和麻木，甚至会莫名其妙地产生视听幻觉。对于驾驶员来说，就容易导致判断和操作的失误，特别是彩色电视影响尤为严重。

6 酒后

酒中都含有酒精，而酒精是一种麻醉剂。人在饮酒后，随着大脑及其他神经组织内酒精浓度的增高，中枢神经的活动便渐渐迟钝，人的判断力也会逐步下降，注意力分散，控制能力和应变能力减弱甚至丧失，极易引发交通事故。因此，酒后驾车历来都是行车的大忌。

7 疲劳时

虽然驾车时是坐着的，但驾驶机动车却是一件既费体力又费脑力的重负荷劳动，在长时间行车后，生理和心理上的能量都会大量消耗，若这些消耗得不到及时恢复和调剂，就会过度疲劳。这时驾驶员的视野会相对变窄，视力下降，精力分散，判断力降低，并会感到困倦，动作缺乏灵活和协调性，从而导致交通事故的发生。

省钱指数：	★★★★
实用指数：	★★★★★

高速公路上行车十忌

在高速公路上行车，也会遇到许多不安全因素，应注意以下几点：

1 忌超速行车

许多司机往往一上高速公路就爱开快车，其实这样做既不经济，又不安全。因为车速越高，制动距离越大，汽车转向时的离心力也越大，操纵汽车的稳定性就越差。而且车速越快，驾驶员的视线距离越短，视野越窄，其判断失误也会增加。因此，保持适当的车速是保证高速公路行车安全的首要条件。

2 忌压速行车

我国高速公路对最低时速也有规定，在正常行驶时，最低时速不得低于50公里/时。压速行驶，一方面是容易造成同车道尾随车辆受压，使其车速提不上来，不能发挥高速公路应有的快速、高效优势；另一方面也容易造成交通堵塞或后续车辆连续超车致行车秩序混乱。当然，如遇有大风等恶劣气候时，应当减速行驶。

3 忌跟车太近

安全的行车间距应根据行驶速度、天气和路面情况而变化。车速越快，行车间距相应也要加大，尤其是在雪、雨、雾天或路面结冰时更要加倍延长车距。

4 忌违章停车

汽车行驶中，因故障需要临时停车检修时，必须提前开启右转向灯驶离行车道,停在紧急停车带内或右侧路边上。如果汽车因故障、事故等原因不能离开行车道时，必须立即开启危险报警闪光灯，并在行驶方向的后方100米处设置警告标志,夜间还须同时开启示宽灯和尾灯。

5 忌带故障行车

在高速公路上行驶时,汽车的技术状态至关重要。由于转向、制动失灵、爆胎等原因引起的交通事故,后果将是非常严重的。

6 忌在匝道处直接出入行车道

进入高速公路时,须在加速车道上提高车速,并开启左转向灯;驶离高速公路时,应按出口预告标志进入与出口相接的车道,同时减速行驶。禁止在匝道直接转弯出入行车道。

7 忌燃料不足

一旦中途燃料不足,车上没有自备油,附近又没有加油站时,极易影响到其他车辆的通行,造成交通混乱。

8 忌不按规定装载行驶

如果在高速公路上超载高速行驶,车辆惯性加大,遇到紧急情况时制动的距离将延长;其次是由于超载产生的重力、阻力及摩擦力均随之增大,钢板弹簧、半轴和轮胎螺栓就易折断,超载带来的重心变高、惯性和离心力加大易使车辆在高速行驶中失控、倾翻或爆胎。

9 忌雾雪天行车

碰上大雾或下雪的天气,最好不要上高速公路,因为那样极易使汽车打滑,即便要上高速公路,也应减速行驶或跟前后车拉开一定的距离。

⑩ 忌旧车上高速公路

有些车况较差的旧车尽量不要上高速公路，因为一般情况下旧车速度较慢，万一碰上车子出现故障极易影响到其他车辆的行驶。

省钱指数：	★★★★
实用指数：	★★★★

驾车出游安全要领

对于有车族来说，能够驾着自己的爱车出外旅游或到野外放松一下紧绷的神经，的确是件惬意的事情。但为了行车安全，你一定要注意以下几点：

❶ 行车前的准备

行车前做好必要的准备，可保证行车中的安全。

刹车可靠性：检查刹车磨损程度，若有必要应换新的制动摩擦片和制动盘，对于鼓式制动器还须清除尘土和沙粒。

检查离合器和手刹：将车停在行车道上，前面保持一段畅通的距离，用力拉起手刹，在发动机运转时将变速挡很快地置于最高挡，并轻轻地放松离合器，发动机应完全停下来。否则，说明离合器已磨损，需要及时维修，以免给旅行带来麻烦。

检修车辆：如果近来未曾进行检修，在度假前应把车检修一下，而且应该进行一次较大的检修。要检查新的火花塞和触点以及整个润滑油系统，包括检查齿轮箱和变速箱的润滑油。若爱车已经行驶了5万公里，还应检查冷却系统，对不合格的地方进行处理。

检查工具箱：除车轮扳手和千斤顶（要检查一下是否性能良好）外，还要带些其他工具，以备急需。

② 行车中的注意

外出旅行应准备一份相关省市公路地图册，最好自己用笔把行车路线标示清楚。不要轻易离开公路行驶，在山区更要注意这个问题。行车时尽量选择国家级或省级公路，以求宽阔平坦安全。行驶中要留心路标，天气好的时候可以通过时间和太阳的方位辨别方向。

行车在外最好不要让陌生人搭乘，而且要在顺手的部位放上防身用具，以防不测。

灭火器最好备一个，而且务必掌握其使用方法。在夏天，汽车的工作条件相对其他季节要恶劣，由发动机漏油和电器故障造成的火灾时有发生。

随身带上电话本，手机充足电。好在第一页写上自己的姓名、单位电话、父母及朋友电话，以便发生意外时能够和家人取得联系。

需要爬坡时一定要检查制动是否有效，是否带有垫车轮的三角木，如果没带，可就地找些砖头备用。一般坡道，可利用车辆行驶的惯性上坡。若坡道距离长而且陡，感觉动力不足时，应立即减挡，不要恐慌。因挂错挡位、挂不进挡而造成停车、熄火的时候，应立即拉手制动器，重新上坡。若手制动器失效，应利用脚制动，让车辆缓慢退到坡下，重新上坡。上坡还要注意不要跟车太紧，以防前车后溜。

省钱指数：	★★★★
实用指数：	★★★★

春天风沙大，安全十提醒

春天风沙大，大风天开车时应小心谨慎。大风天虽然不像雨天或雾天那样对机动车的有严重影响，但还是要小心谨慎地开车，遵循以下10个规则，做到心中有数，防患于未然。

1 注意行人的动向

大风天开车时,驾驶者的注意力一定要高度集中。在刮大风时,有些行人用纱巾蒙上脸,或戴上墨镜,视野受到一定的限制;还有的人加快脚步狂奔乱跑,这些行人往往只顾行路而不顾机动车辆。驾驶者开车时必须严密注意,否则极易引发交通事故。

2 注意自行车的动向

刮大风时,有些骑自行车的人低着头只顾拼命往前骑,在过交叉路口或在混合交通道路上行车时,驾驶者应注意这些低头骑自行车者,开车时最好以中低速度行驶,随时准备制动停车,以此防备自行车闯入机动车道。

3 喇叭的作用减弱

受大风的影响,有些行人或其他车辆的司机根本无法听到汽车喇叭的声音。所以,在遇到不稳定的目标时,不要试图狂按喇叭,那样做无济于事。

4 快速闪避障碍物

在大风天开车时,如果突然出现危险,却来不及制动或无法刹住车子时,必须学会及时躲闪,以求得最大的安全系数。转动方向盘要由慢到快,逐步进行,且方向盘转动幅度不应大于半圈。完成闪避动作后,应迅速将转向盘回正,这样汽车很快就会从左右摇摆的状态中恢复平稳。驾驶者在整个过程中也不要紧盯着障碍物,而是应将视线对着正确的行驶方向。

5 摇紧车窗玻璃

大风天开车时,应把车窗玻璃摇紧,防止沙尘飞进驾驶室,影响驾驶者的视力。

6 货车物品捆扎牢固

如果驾驶的是货运车辆，对车上装载的物品要捆扎牢固，防止被大风吹走或散落，更要防止车上物品掉下砸伤行人。

7 停车时远离窗户

在大风天，为避免出现高空坠物砸车的现象，停车不要溜边儿，最好远离楼房、枯树，实在没有地方停车也要尽量远离阳台和窗户。

8 清洁粉尘滤清器

一般车辆在空气入口处都装有粉尘滤清器净化空气。在大风天，大量的尘土都被阻挡在了粉尘滤清器处。当大风天过后，司机应想办法去除粉尘滤清器内的尘土，这样可以提高进风量，也可使车内空气更加清新。同时还要注意清理其上的尘土，哪怕只是把空滤拿出来在地上磕几下，对于减少油耗都有很大帮助。

9 别用油掸子擦玻璃

每次风沙天气过后，车主们都会习惯性地用油掸子擦前风挡玻璃、车漆表面的灰尘，这其实是自欺欺人的做法。旧掸子里夹带了大量的沙尘，车主每天用同一把油掸子擦车，就如同用锉刀在车漆上蹭，亲手在车漆上制造细微的划痕。车门玻璃和风挡玻璃也要用清洁剂擦洗，擦洗风挡玻璃时，为了更好地去除刷片内的小沙粒，应该将刷片向前扳开，用湿毛巾将刷片内清洗干净。

10 用清洁剂擦车厢

在风沙大的季节，车厢内也常会沉积一层灰尘，车内配件大多是塑料或皮质材料，在清洁时一定要用专用清洁剂和干净的软布，不能内外混用。擦拭时应用清水擦，否则极易使皮面干裂，塑料配件老化。

省钱指数：	★★★★
实用指数：	★★★★

夏季行车“十注意”

夏季行车的客观环境是气温高、雨水多、昼长夜短，对安全行车和车体本身有诸多不利影响。同时因为这种客观原因的存在，那些你并没有在意却非常致命的习惯同时也暴露了出来。在此，说明一下夏天行车最需要注意的那些事儿。

1 经常检查轮胎气压

随着气温及路面的温度逐步升高，高速或者长途行驶，胎压很容易上升，引发爆胎。为了安全，请你经常停车降压。

2 行车时要格外小心

天热时，人们喜欢打伞遮阳，而为了遮住阳光，伞的高度一般都比较低，挡住持伞人的视线。因此司机在行车，特别是超车，拐弯时，一定要格外小心。

3 切忌穿拖鞋驾车

夏日里女性朋友喜欢穿拖鞋，既好看，又方便凉快，有的甚至穿着拖鞋开车。其实这种做法很危险，发生紧急情况的时候，如果踩油门或刹车时拖鞋不跟脚，很有可能因此延误刹车时机，造成交通事故。

4 不宜使用气体打火机

盛夏热浪滚滚，有些司机有抽烟解乏的习惯。点燃香烟后一般也会顺手把气体打火机放在仪表台上，这样做非常危险。一次性使用的气体打火机，其盛装液态气体的塑料容器，在40℃以上时，因气体受热膨胀，塑料壳体会因受热而发生爆炸。虽然气体打火机的爆炸威力不大，但在车内和一些油料、易燃物等放在一起时，一旦发生爆炸，很容易引起火灾，后果不堪设想。所以，在炎热的夏季，司机不宜使用气体打火机。再说，行车时抽烟也是不允许的。

5 不宜长时间开空调

发动机怠速运转时，汽油燃烧不完全，会产生一氧化碳。一般装有空调器的车辆，密封性能较好。绝大多数人在这种环境中待几个小时就会有头晕、倦怠的感觉，记忆力也会减退。同时，车内人员呼出大量二氧化碳，使车内氧气急剧减少。所以，应适当调节空调工作状态，或每隔一段时间打开车窗透透气。

6 不宜戴颜色太深的墨镜

深色的墨镜会让你眼睛所捕捉的影像传递至大脑的速度降低和失真，尤其在驾驶车辆行驶速度越快的时候，这种情况存在的隐患越大，比如以80公里/时的时速行驶的时候，颜色过深的墨镜会致使你的反应速度延长100毫秒，而也就是这微不足道的100毫秒的会让你的制动距离至少缩短2米以上。2米，这就是撞上与不撞上的距离。

7 切忌疲劳驾驶、开赌气车

夏日温度高，体力消耗大，尤其是中午，容易疲劳、打瞌睡。因此，要保持足够的睡眠时间，保证精力充沛。行车中如果感到困倦，应及时停车，适当休息一会儿，待头脑清醒后再继续开车。此外，天气炎热还会引起心情烦躁。因此，车主朋友千万不要开赌气车，应时刻保持冷静的心态，遵守交通规则。

8 谨防自燃

每年夏天都会发生几起汽车自燃事故，所以出行前一定要检查一下车辆的高、低压线路是否短路或老化，插头是否松动，蓄电池是否处在正常工作状态，油路是否有漏油等。另外，气体打火机等易燃易爆物品也应及时清理。有必要在车内配备灭火器并熟练掌握操作方法以防意外。此外，向保险公司投保自燃损失险也是一个好办法。

9 不宜暴食冷饮

夏季天热，司机出汗较多，常感到心烦口渴，往往想吃冷饮。但有的人一吃就很多,这样暴饮对身体是没有好处的。因为司机驾车时,大部分血液会流到紧张活动的肌肉里去,以供应足够的养料和运走废物,这样会使得胃肠道血液供应暂时减少。此时,如果大量摄入冰淇淋等冷饮,就会造成胃肠道血管的突然收缩,使血流减少,并引起生理功能紊乱,影响人体对食物的消化,造成肚子痛、腹泻等消化道疾病。

10 谨防途中遇险

在炎热的天气里,路边、桥头乘凉人员较多,驾驶中应多留意,防止撞压。通过铺有农作物的路面时,应降低车速,不要轻易使用制动,以防侧滑;远离堆放的农作物和器具,谨防有人在其间休息;通过后还应停车检查车轴、排气管上是否缠有农作物。

其实以上只是一些你在夏日行车中需要注意的小细节,虽然这些状况看起来都微不足道,但是往往就是小事儿方会造成意想不到的事故。

省钱指数:	★★★★
实用指数:	★★★★

秋季雨雾多,安全要确保

秋高气爽是和家人外出度假的好时节,但是进入秋季后,雨雾天会变得频繁,导致能见度低,各位司机外出时需要格外小心,注意行车安全。

1 尽量避免在雨雾天外出

随着秋季到来,大雾天气将会频频来临,这将给司机行车时的交通安全带来严重威胁。秋季出车前,一定要多留意天气预报,及时掌握天气情况,尽量减少并避免在雨雾天出行,尤其是长途旅行更要如此。

2 给车配个防雾灯

如果不得不在雨雾天外出,不如给自己的车辆配备防雾灯、防雾灯是一个规避交通危险的好工具，防雾灯可以在雨雾天气中提高能见度，同时也是给其他车辆“点燃一盏灯”，有效地保证让后方车辆看到你，从而避免危险。需要特别注意的是，雾天行车不要使用远光灯，因为远光灯射出的光线容易被雾气反射，会感到前面白茫茫一片，另外也会造成眼睛疲劳。

3 降低车速

车速直接决定了反应速度，雨雾天本身就影响了视野，比平时需要更多的时间去判断行驶状况，降低车速就是给自己宝贵的时间，也是给自己和他人多提供安全保障，这是雨雾天开车的安全基础。雨天行车尤其要避免车速过高，如果车速过快，惯性力增加，加之路面较滑，轮胎的附着力下降，从而导致制动效果明显下降，发生事故的机会大大增多。所以大体上，在雨天制动要将制动距离延长3倍。开车的目的是为了抵达目的地，晚几分钟，也许你就避免了危险。更重要的也是体现了你的修养，照顾了行人和骑车人，让他们能够自如地行进在路上。

4 注意保持精神集中

俗语云“春困秋乏夏打盹”。从夏季进入秋季后，人体进入一个生理调整阶段，肌体会产生一种莫名的疲惫感，因此司机要加强营养和锻炼，使身体尽快适应季节的变化。疲劳时最好停下车，出来活动几分钟，使肌肉、神经、器官等得到松弛；或在驾驶室内休息一下，待有了足够的精力，再正常行驶。

5 检查灯光是否完好

雾天行车前，应将风窗玻璃、车头灯和尾灯擦拭干净，并检查灯光装置是否完好。在雾中行车，车辆灯光装置绝不可残缺不全，在行驶中应打开雾灯、尾灯、示宽灯和前照灯（近光），不能使用远光灯。这是因远光光轴偏上，射出的光线会被雾气反射，在车前形成白茫茫一片，如同隔着磨砂玻璃一样，反而什么都看不见。另外，雾天行车可以靠路面的白色车道标线以及前车的红色尾灯来引导视线。

6 高速公路行车须谨慎

雾天在高速公路行车时，必须开启近光灯、示宽灯和尾灯，降低车速，与前车保持合适距离。如能见度过小，在保证安全的原则下，应驶离雾区或就近驶入服务区休息，等待雾散后再行车。

省钱指数：	★★★★
实用指数：	★★★★

冬季冰雪天，行车要注意

进入冬季除要对车辆发动机冷却液、机油、蓄电池、玻璃清洗液、暖风系统等进行必要的检查和维护外，安全行车也是非常重要的。尤其是在冰雪路面上行车，汽车轮胎与地面的摩擦系数非常低，对车辆的控制就比较困难，若操作不当会使车辆产生侧滑甚至旋转，后果将非常严重。所以，在冰雪路面上行驶，要注意以下几点：

1 保证车况良好

出车前，应加强对汽车的检查，保证车况良好，特别是转向系、制动系应有效、可靠。轮胎气压应取规定值的下限，左右轮胎气压保持一致。如轮胎花纹磨损应及时更换轮胎。此外，还应携带必要的防滑、取暖用品。

2 起步勿过猛

起步时若轮胎已被冻结于地面，应先用十字镐挖开轮胎周围的冰雪、泥土再启动。起步时离合器可半联动，轻踏油门，使发动机以较小动力启动，以免驱动轮滑转。若发生打滑，应铲除轮下的冰雪，并撒些干沙、煤渣、柴草等物，或用铁镐将路面刨成“X”或“Y”形槽，以提高附着性。

3 仔细观察路况

大地被积雪覆盖后白茫茫一片，这时驾驶者应根据道旁的树、路标、水渠等仔细观察，判明行车路线，沿着道路中心或积雪较浅处通过。若有车辙，应循车辙行驶，当车辙已结冰且较浅时，应跨骑车辙行驶。通过弯道、坡道、河谷、山路等危险可疑之处，应停车，看清路况再通过。

4 车速不要过快

在冰雪路上行车一定要控制车速，尤其是转弯或下坡时最好将车速控制在能随时停车的状态；需要加速或减速时，油门应缓缓踏下或松开，以防驱动轮打滑。

5 注意保持车距

由于冰雪路面的阻力很小，制动的非安全距离大大增加。若跟车过近，很容易造成追尾，一般应拉开正常行驶距离的两倍。

6 防超车、会车不当

在冰雪道路上尽可能避免超车，若非超不可，一定要选择宽敞、平坦、冰雪较少的路段，但不要强行超车。会车时，应选择平坦宽阔的路段，并保持两车旁边有足够的侧向安全距离。若积雪较深无法看清路面，应下车试探路况后再会车。

7 转向应缓和

需转向时，应提前最大限度地降低车速，慢转慢回。在不影响其他车的情况下，尽量加大转弯半径，切不可快速急转，以防侧滑横甩。

8 防制动过急

行车中应尽量采用预见性制动，利用发动机的牵制作用减速，多用手制动、排气制动，少用脚制动，避免紧急制动。若情况紧急，可强行减挡，以大油门低车速阻碍汽车前进,同时间歇使用手、脚制动。

9 停车应妥当

在冰雪路面上停车时,应选择朝阳、避风、平坦、干燥处停放,不得紧靠建筑物、电线杆或其他车辆。停车后应关闭百叶窗,放下保温帘。若停车时间过长,还应适时启动发动机预热,以防水箱冻坏。为防轮胎冻结于地面,可在车轮下铺垫沙石、柴草、木板等物。若必须在坡道上停车,应挂挡、拉紧手刹,并在车轮下填塞三角木、石块等,以防溜坡。

10 防眩目雪盲

雪花纷飞时,应降低车速,使用雨刷器改善视线。雪地中行车过久,驾驶员容易双目畏光、流泪,视力下降(即雪盲症)。因此,行车中应戴有色防护眼镜,并注意休息。

省钱指数:	★★★★
实用指数:	★★★★★

驾车服药有禁忌

一般说来,引起车祸的原因很多,例如开快车,酒后开车都容易引发事故,但是还有很多人不知道,司机服用或注射某些药物后驾车,会引起思睡,反应迟钝、视力和判断力偏差的状况,也容易发生车祸。可见,司机出车前服药也有禁忌。为了方便司机朋友们了解各种用药的禁忌,下面列出了一些药物,在服用这些药物时,一定要仔细阅读说明书,遵从医嘱,严格控制用量。在服药后不可马上开车,要等药效消除后才可上路,驾驶时还要留意自身的状态,一有不妥应立即停车。

1 镇静催眠类药物

常见的镇静催眠类药物有安定、硝基安宁、本巴比妥、佳静安定等。这类药物会对人的中枢神经产生广泛的抑制作用，从而起到对病人镇静、催眠和抗惊厥的效果。如果驾驶者必须服用这类药物的话，须注意用量。一般来说，小剂量服用这类药物可使人消除激动和焦躁不安之感，让人感到放松。但是中等剂量时就会引起近似生理性的睡眠，在驾车时昏昏欲睡，危险性很高。而一旦服用了大剂量药物则会产生麻醉作用，更是开车的大忌。凡在开车之前绝对禁止服用这类药。如若必须服用，则一定要等药效消除后才能驾车。

2 抗组织胺药

常见的抗组织胺药有非那根、扑尔敏、赛庚啶、本海拉脱、安其敏等。这类药物对人的中枢神经也有明显的抑制作用，在服用后也常常会有嗜睡、眩晕、头痛、乏力、颤抖、耳鸣和幻觉等副作用。嗜睡、眩晕、头痛、乏力等反应都会使司机的注意力无法集中，造成反应不灵敏，对复杂路面情况失去应有的灵活反应，而颤抖、耳鸣和幻觉等则更为严重。在这种情况下，驾驶人员对路面的状况根本无法做出良好的判断，也就无法采取恰当的措施，因而危险性极高。需要提醒的是，大多数感冒类药都含有抗组织胺类药物成分，如为了减轻鼻塞、流鼻涕等感冒症状，服用的日夜百服宁、新康泰克等药物，其内均含有扑尔敏成分，服用后会给驾驶带来隐患。驾驶员在买药时要注意看清成分说明，改服不含抗组织胺药的感冒药。

3 抗抑郁、焦虑类药物

常见的抗抑郁、焦虑类药物有丙咪嗪、多虑平等。抗焦虑药一般都可以起到稳定情绪、减轻焦虑和紧张的效果，并可改善睡眠，但少数也会导致睡眠障碍进而影响服药者休息。它们的不良反应对司机的危害也是不能忽视的。

4 抗血压药物

常见抗血压药物的有利血平、可安定、优降宁、硝普纳和甲基多巴等。这类药物主要作用于循环系统。高血压病人的小动脉会出现痉挛性收缩，使得周围血管的阻力增加，促使血压升高。服用降血压药虽然不能治本，但可以减轻血压高带来的头痛、头晕、心悸、失眠等症状。然而，此类药物的副作用很多，如在心血管方面，有心悸、心绞痛和体位性低血压等感副作用；神经系统方面，有头痛、眩晕、嗜睡等副作用;另外,还会产生视力模糊、手指颤抖和疲乏无力等症状。这些反应会大大降低司机的注意力和反应灵敏度,也会大大增加发生事故的概率。

5 抗生素

抗生素类药物主要有链霉素、庆大霉素、卡那霉素以及新霉素等。这类药物对静止期的细菌有很大的杀灭能力,这种力量甚至大到可对人体的第8对脑神经产生毒害,因而服用后会有头痛、耳鸣、耳聋、视物不清、肢体颤抖和体位性低血压等不良反应。尤其是耳聋和视物不清,一旦出现这样的反应就已经不具备开车的条件。

6 止痛解痉类药物

止痛解痉类药物主要有阿托品、氢溴酸东莨菪碱、颠茄片及后马托品等。这类药的常见副作用为视物不清和心悸。对驾驶者而言,心悸会大大干扰驾驶者的判断能力和反应能力,而视物不清当然具有更大的风险。不仅如此,这些药物若服用过量,病人还会有焦躁的行为,出现幻觉和抽搐等中枢神经兴奋症状,可以说行为已经不能自主控制,此时应绝对禁止开车。

7 解热镇痛药

解热镇痛药最常见的有阿司匹林、水杨酸钠、安乃近、非那西丁、氨基比林等。虽然这类药物在临床上比较常用,但其副作用也应当引起注意。眩晕和耳鸣是常见表现,有些病人反应尤其激烈,会出现听力减退,大量出汗甚至虚脱等症状。假设在车来车往的马路上受这些负面作用的影响,司机的安全则很难得到保证。

8 抗心绞痛类药物

抗心绞痛类药物主要有心得安、心痛定、消心痛、硝酸甘油制剂等。这类药物可作用于人的循环系统,功效大致有2种:一是减轻心脏负担,降低心肌的需氧量、二是扩张冠状动脉,增加心肌供氧量。但是它们的不良反应及对司机的危害却应使人提起警惕。

9 驱肠虫药

驱肠虫药主要有红色蛔灵、安乐士(苯咪唑)和肠虫清(阿苯哒唑)等。这类药物的服用很有讲究,口服的同时若进食大量油腻食物,二者就会相互作用促进药物大量吸收。这时病人就会出现一系列中枢神经症状,包括眩晕、头痛、胡思乱想、精神紊乱等。另外,驾驶人员吃驱肠虫药切不可过量,否则容易诱发黄视、绿视等色觉变化,从而无法辨认红绿灯,继而还可能出现种种幻觉。

10 抗心律失常药

抗心律失常药主要有奎宁丁、美西津和心得安等。这类药物的副作用主要是头痛、眼花、耳鸣、低血压等,剂量过大还会出现心动过缓、传导阻塞、甚至低血压晕厥,同时这些药会使大脑反应迟钝,无法对瞬息万变的交通状况做出迅速准确判断,容易导致车祸。

除以上介绍的10类药物,一些镇咳药如可待因、克咳敏、美沙芬等;平喘药如麻黄碱、异丙肾上腺素、沙丁胺醇、喘康速等;止吐药如胃乃安、吗叮啉、相复宁等;降血糖类药物如优降糖、达美康等,也都可能引起疲倦、头晕等症状,司机在服用时也要提高警惕。

省钱指数:	★★★★
实用指数:	★★★★

行车险处巧应急

汽车在行驶时,由于受诸多突发性因素影响,往往会遇到紧急情况,使汽车失去控制。此时如何冷静地采取措施紧急避险,尽量减小事故损失,就成为每个司机应知应会的内容。

1 汽车侧滑的解决办法

汽车在冰雪路面上行驶或突然遇到一个急弯,这时猛然制动往往会引起侧滑甚至横甩，此时应保持镇定，立即减小油门，降低车速，同时将方向盘朝侧滑的一侧进行修正，待侧滑消除后再逐渐驶入正常路面。操作的同时，还要注意路面情况，以防汽车冲出路肩。另外，汽车侧滑时，车的重量会把弹簧和减振器压紧，一旦汽车正了过来，绷得紧紧的弹簧和减振器会把所有的能量朝打滑的相反方向释放。因此，后轮重新贴紧地面后，应立即回正方向盘，以免造成反方向侧滑。

2 轮胎突然爆裂巧应对

开车出行，轮胎突然爆裂时，最理想的做法是让车迅速停下来，但不宜采取紧急制动的办法，因为这样做更危险，极易造成翻车或撞车等伤亡事故。若行驶中前胎突然爆裂，汽车立即会向破胎一侧跑偏，此时应用双手全力控制好汽车的行驶方向，迅速减小油门，保证汽车缓缓驶向路边，平稳减速，利用发动机的牵制阻力使汽车自行停住。在车速未得到降低以前，切不可急于使用制动，否则易使汽车产生剧烈横甩。

3 车灯突然熄灭的应对

夜间行车若车灯突然熄灭，应立即打开示宽灯或驾驶室顶灯，将车驶向路边。若所有灯光均不亮，应记住车灯熄灭前观察到的路面状况，稳稳地掌握住汽车行驶方向，切勿乱打方向盘。停车后，应就地取材，利用手电筒、烛光、红色或白色衣物设置警告标志，以防来往车辆碰撞。若故障一时不能排除，又急需赶路，可借助月光(月光下路况的判断概括为：亮水白路黑泥巴)和行道树，并多按喇叭示警，缓缓驶向修理点。

4 转向失灵的应急措施

转向机构失灵往往是因为机构中的一些零件发生损坏而造成的，此类情况的出现一般没有先兆，比较难处理。防止此问题出现的有效办法就是经常检查和维护转向系统，使之处于良好的工作状态。一旦出现这种情况，车辆往往会走偏，此时应快速制动。同时，应对周围的人员、车辆做出明显表示，如开大灯、按喇叭、开紧急闪烁灯、大声喊叫等。对使用转向助力器的转向机构来说，如助力失效时，应用力打方向，切不可盲目制动，以免造成严重后果。

5 制动突然失灵的处理

一旦出现制动突然失灵，应想方设法尽快停车，迅速脱开高挡，踩一下油门抢入低挡，再关小油门，利用发动机的怠速牵制作用使车速降低，同时把握好方向，根据“先让人后让物”的避让原则，使汽车避开危险目标，驶入路边熄火停车。若情况紧急且手制动有效，应充分利用其制动力，但不可一次拉得过猛，以防高速旋转的运动件受猛烈制动而损坏，丧失制动力。若前方有行人、非机动车，应用喇叭催促其让路。若下坡途中制动失灵，切不可看到交通情况良好而心存侥幸，否则车速越来越快就更无法控制，这时应果断地将汽车借路边的土坡、大树、岩石等天然障碍物擦靠，尽量减少事故损失。

6 上坡突然溜滑的应对

若汽车重载上坡时动力不足，或换挡不成突然下滑，这时应尽快使用手、脚制动器停车，否则汽车越溜越快极难控制。停车后，在车轮下垫塞三角木、石块等物，再重新起步。若制动无效停不住车，汽车向后溜滑有危险时，应注意控制方向，避开路上危险目标，使车尾向路边的山体、岩石、大树等天然障碍物靠拢，利用路边天然障碍物阻止汽车下滑。又或将汽车驶入路边的农田、沙地，以缓冲并消耗汽车的惯性能量，减小事故损失。

省钱指数：	★★★★★
实用指数：	★★★★★

面对车祸，自我保护

道路交通事故是常见的灾难之一。万一出了交通事故，应该采取什么方法进行自我保护是每个司机和乘车人都必须掌握的。

1 意外失火——破窗脱身打滚灭火

行车途中汽车突然起火，司机应立即熄火、切断油和电源，关闭百叶窗和点火开关后，设法组织车内人员离开车体。若因车辆碰撞变形、车门无法打开时，可从前后挡风玻璃或车窗处脱身。同时注意烤热的油箱、油桶有随时爆炸的可能，应及时疏散车上和周围人员，以免损失扩大。若汽车在停车场或加油站处失火，应先将着火车辆移至较安全地带再灭火，以减小火灾损失。

当人身已经着火时，不要着急脱掉粘在烧伤皮肤上的衣服，应采取向水源处滚动的姿势，边滚动边脱去身上的衣服，注意保护好露在外面的皮肤和头发。不要张嘴深呼吸或高声呼喊，以免烟火灼伤上呼吸道。大面积的烧伤可用干净的布单或手布包扎，如有可能尽量多喝水或饮料。与此同时，没受伤的人员要尽快用灭火器、沙土、衣物或篷布蒙盖，使车辆灭火，但切忌用水扑救。

2 汽车翻车——脚勾踏板随车翻转

当司机感到车辆不可避免地要倾翻时，应紧紧抓住方向盘，两脚勾住脚踏板，使身体固定并随车体旋转。如果车辆侧翻在路沟、山崖边上的时候，应判断车辆是否还会继续往下翻滚。在不能判明的情况下，应维持车内秩序，让靠近悬崖外侧的人先下，从外到里依次离开。否则，车辆产生重心偏离，会造成继续往下翻滚。

如果车辆向深沟翻滚，所有人员应迅速趴到座椅上，抓住车内的固定物，使身体夹在座椅中，稳住身体，避免身体在车内滚动而受伤。翻车时，不可顺着翻车的方向跳出车外，防止跳车时被车体挤压，而应向车辆翻转的相反方向跳跃。若在车中感到将被抛出车外时，应在被抛出车外的瞬间，猛蹬双腿，增加向外抛出的力量，以增大离开危险区的距离。落地时，应双手抱头顺势向惯性的方向滚动或跑开一段距离，避免遭受二次伤害。另外需要提醒的是：车辆在行驶中一旦刹车失灵，乘车人绝不能盲目跳车。因为司机会减挡降低车速，如减挡失败，司机应将车辆开到靠近山体的一边去，必要时用车体侧面与山体剐撞，所以，乘车人应该抓紧车内的固定物，以减轻对人体的伤害

3 车辆落水——先深呼吸再开车门

汽车翻进河里，若水较浅，不能淹没全车时，应待汽车稳定以后，再设法从安全的出处离开车辆。若水较深，先不要急于打开车门和车窗玻璃，因为这时车门是难以打开的。车厢内的氧气可供司机和乘客维持5~10秒钟，应首先使儿童、老人和

妇女的头部保持在水面上。待车厢内的水面大致相等、有空间时，应迅速用力推开车门或玻璃，同时深吸一口气，及时浮出水面。

如果岸边无人救护，掉到水里的人神志清醒，应尽量采用仰卧位、身体挺直、头部向后，这样可使口、鼻露出水面，继续呼吸。如果是公共汽车或载有儿童的车辆，可手牵着手、牵着衣服、牵着脚，形成人链，一起脱离汽车逃出水面。

4 迎面碰撞——两脚踏直身体后倾

交通事故中的迎面碰撞，受到致命伤害的主要是司机。一旦事故发生，当迎面碰撞的主要方位不在司机一侧时，司机应双手紧握方向盘，两腿向前蹬直，身体后倾，保持身体平衡，以免在撞击的一瞬间，头撞到风挡玻璃上。如果迎面碰撞的主要方位在临近司机座位处，又或是撞力度较大时，司机应迅速躲离方向盘，将两脚抬起，以免受到挤压而受伤。

省钱指数：	★★★★★
实用指数：	★★★★★

第七章　车险办理

生命财产双保险

投保车辆保险，既是每个车主的法律义务，也是车主防范交通事故经济风险的必要措施。车辆保险费用对私家车而言，占每年使用费用的20%~30%。合理控制的意义不言而喻。根据车主的经济条件和使用情况，合理优化选择投保不同系列的险种，则可以达到既抵御交通事故的风险，又节省费用的目的。

车险逐个数，哪些是“鸡肋”

车险，即机动车辆保险，也称汽车保险，是指对机动车辆由于自然灾害或意外事故所造成的人身伤亡或财产损失负赔偿责任的一种商业保险。它分为基本险和附加险，其中附加险不能独立保险。基本险包括交强险、第三者责任险（三责险）和车辆损失险（车损险）。附加险包括全车盗抢险（盗抢险）、车上责任险、无过失责任险、车载货物掉落责任险、玻璃单独破碎险、车辆停驶损失险、自燃损失险、新增设备损失险、不计免赔特约险。

1 交强险

推荐指数：★★★★★（必须购买）

交强险是机动车交通事故责任强制保险的简称，是指由保险公司对被保险机动车发生道路交通事故造成本车人员、被保险人以外的受害人的人身伤亡、财产损失，在责任限额内予以赔偿的强制性责任保险。机动车交通事故强制责任险责任限额的6万元当中，包含了死亡伤残赔偿5万元，医疗费用赔偿8000元、财产损失赔偿2000元。而若被保险人在交通事故中无责任，赔偿限额分别按照以上三项限额的20%计算。

2 第三者责任险

推荐指数：★★★★☆（选购）

第三者责任险是指被保人或其允许的驾驶人员在使用保险车辆过程中发生意外事故，致使第三者遭受人身伤亡或财产直接损毁，依法应当由被保险人承担的经济责任，转移保险公司负责赔偿。同时，若经保险公司书面同意，被保险人因此发生的仲裁或诉讼费用，由保险公司在责任限额以外赔偿，但最高不超过责任限额的30%。以往绝大多数的地方政府将此险种列为强制保险险种，不买这种保险，机动车便上不了牌也不能年检。在机动车交通事故责任强制保险（交强险）出台后，该险种已成为非强制性的保险。由于交强险仅限额6万元，因此大家需要考虑购买第三者责任险。至于额度，可根据自己的情况决定，主要应考虑自己驾驶的熟练程度，如果驾驶经验丰富，可以考虑少买甚至不买，但对于大多数刚拿到驾照的车友，建议购买一定额度的第三者责任险。

3 车辆损失险

推荐指数：★★★★☆（选购）

车辆损失险负责赔偿由于自然灾害或意外事故造成的车辆自身损失。这是汽车保险中主要的险种。若不购买这个险种，保险公司不负责赔偿车辆碰撞后的修理费，全部得由自己掏腰包。需要注意的是：车损的赔付最高限度是你的投保金额及车辆当前价值较低的那个，换句话说，即使你按照20万甚至更高的金额进行投保，那些多花的钱只能当是打水漂了。

4 全车盗抢险

推荐指数：★☆（选购）

全车盗抢险是指在全车丢失时才会赔付，车上的部件丢失是不赔的。所以如果你停车的位置比较可靠，上班有单位停车场，回家小区停车也很可靠，那么可以考虑不买该险。反之，建议购买盗抢险。

5 车上责任险

推荐指数：☆（选购）

因交通事故造成司机、乘客伤亡，由司机乘客意外伤害险来赔偿损失。买此险种，完全是心理安慰，图个放心。如果你购买了人寿险中的意外伤害险，则可考虑不购买。

6 无过失责任险

推荐指数：☆（选购）

撞人或车后，保险车辆一方无过错，不应承担赔偿责任，但出于某种原因，实际已经支付了对方而无法追回的费用，可由保险公司负责赔偿。由于每次有20%的免赔率，该险种最多赔80%。一般家庭用车投保此险种的实际意义不大。

7 车载货物掉落责任险

推荐指数:☆(选购)

车载货物掉落责任险承担保险车辆在使用过程中,所载货物从车上掉下来造成第三者遭受人身伤亡或财产的直接损毁进而产生的经济赔偿责任。赔偿责任在保险单所载明的保险赔偿限额内计算。每次赔偿均实行20%的绝对免赔率。由于这种情况发生的几率很小,因此此险种可不投保。

8 玻璃单独破碎险

推荐指数:☆(选购)

玻璃单独破碎险,顾名思义,是指在被保车辆只有挡风玻璃和车窗玻璃(不包括车灯、车镜玻璃)出现破损的情况时赔偿的一种商业保险,即保险公司负责赔偿保险车辆在使用过程中,发生本车玻璃单独破碎的损失。如果你的汽车不是很高档,投注风挡险的价值不是很高。风挡玻璃险可仅作为选保的险种。

9 车辆停驶损失险

推荐指数:☆(选购)

车辆停驶损失险负责车辆该险种范围内的保险事故,并造成车身损毁,致使车辆停驶而产生的损失,保险公司按规定进行以下赔偿:

部分损失的,保险人在双方约定的修复时间内按保险单约定的日赔偿金额乘以从送修之日起至修复竣工之日止的实际天数计算赔偿。

全车损毁的,按保险单约定的赔偿限额计算赔偿。

在保险期限内,上述赔款累计计算,最高以保险单约定的赔偿天数为限,本保险的最高约定赔偿天数为90天,且车辆停驶损失险最大的特点是费率很高,达10%。

车辆停驶损失险只可以作为选保的险种。

10 自燃损失险

推荐指数：☆（选购）

这是1997年新增加的险种，它赔偿因本车电器、线路、供油系统发生故障或运载货物自身原因起火燃烧给车辆造成的损失。这个险种的价值不是很大，但费率却不低(0.4%)。在现实中车辆自燃事故发生的很少，10万元以上的中、高档车自燃的就更少了。另外，车辆自燃如果与质量有关，生产厂家应负赔偿责任，所以不推荐该险种。

11 新增加设备损失险

推荐指数：☆（选购）

当你自己为车辆安装了空调、CD音响、防盗器、真皮坐椅等不是车辆出厂时所带的设备时，可以考虑投保新增加设备损失险。投保后，在这些设备因事故受损时可以得到保险公司的赔偿。这些设备一般都安装在车内，发生事故时很少能被撞到，所以，投保的价值不大。

12 不计免赔特约险

推荐指数：☆（选购）

在车损、三者等险种需赔付的时候，交警的判定很重要，如果对方全责，就不用你的保险公司出钱，但如果你负有一定责任(全责、同等责任、部分责任等等)，你的保险公司就有权根据你的责任比例大小设定一定比例的免赔率。但由于该险种保费很贵，如果你的交通意识、驾驶水平、停车安全程度都很高，购买此险种的意义就不大。

省钱指数：	★★★★★
实用指数：	★★★★★

车辆保险方案任你选

车辆保险的种类较多，除交强险是强制性险种，按规定任何车辆都必须投保外，其他的险种都以自愿为原则。车主可以根据自己的经济实力与实际需求进行投保。以下是5种机动车辆保险方案，可以供车主投保时参考：

1 最低保险方案

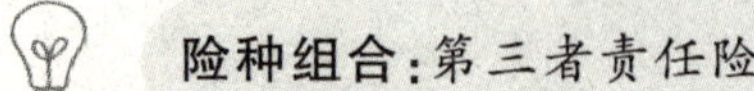

- **险种组合**：第三者责任险
- **保障范围**：只以第三者的损失负赔偿责任。
- **适用对象**：急于上牌照或通过年检的个人。
- **特点**：只有最低保障，费用低。
- **优点**：可以用来应付上牌照或检车。
- **缺点**：一旦撞车或撞人，对方的损失能得到保险公司的一些赔偿，但是自己车的损失只有自己负担。
- **举例**：以价值16万元的新车为例，投保第三者责任险一般以及10万元为限制，因此需交1300元保险费。

2 基本保障方案

- **险种组合**：车辆损失险+第三者责任险
- **保障范围**：只投保基本险，不含任何附加险。
- **特点**：费用适度，能够提供基本的保障。

适用对象:有一定经济压力的车主。

优点:必要性最高。

缺点:不是最佳组合,最好加入不计免赔特约险。

举例:以价值16万元新车为例,车损险基本保费为240元,费率为1.2%,则需交保险费:240元+160000元×1.2%+1300元=3460元。

3 经济保险方案

险种组合:车辆损失险+第三者责任险+不计免赔特约险+全车盗抢险

特点:投保4个最必要、最有价值的险种。

适用对象:是个人精打细算的最佳选择。

优点:投保最有价值的险种,保险性价比最高;人们最关心的丢失和100%赔付等大风险都有保障,保费不高但包含了比较实用的不计免赔特约险。当然,这仍不是最完善的保险方案。

举例:以价值16万元的新车为例,不计免赔特约险按车辆损失险和第三者责任险保险费之和的20%计算;全车盗抢险的费率为1.0%,则需交保险费:3460元+3460元×20%+160000元×1.0%=5752元。

4 最佳保障方案

险种组合:车辆损失险+第三者责任险+车上责任险+风挡玻璃险+不计免赔特约险+全车盗抢险

特点:在经济投保方案的基础上,加入了车上责任险和风挡玻璃险,使乘客及车辆易损部分得到安全保障。

适用对象：一般公司或个人。

优点：投保价值大的险种，不花冤枉钱，物有所值。

举例：以价值16万元的国产新车为例，如果是客车，车上责任险只需为车上人员投保，按座位投保的费率为0.9%；按核定座位数投保的费率为0.5%。玻璃单独破碎险按国产风挡玻璃的费率（0.15%）投保。

车主责任险按座位损保50万元：3460元+500000元×0.9%+16000元×0.15%+3460元×20%+160000元×1.0%=10492元

车上责任险按核定座位数投保50万元：3460元+500000元×0.5%+160000元×0.15%+3460元×20%+16000元×1.0%=8492元

5 完全保障方案

险种组合：车辆损失险+第三者责任险+车上责任险+风挡玻璃险+不计免赔特约险+新增加设备损失险+自燃损失险+全车盗抢险

特点：保全险，居安思危，有备无患。能保的险种全部投保，从容上路，不必担心交通所带来的种种风险。

适用对象：经济富裕的车主。

优点：几乎与汽车有关的全部事故损失都能得到赔偿。投保的人不必为少保某一个险种而承担投保决策失误的损失。

缺点：保全险费较高，某些险种出险的几率非常小。

举例：以价值16万元的新车为例，新增加设备损失险费率为1.2%，自燃损失险的费率为0.4%。

车上责任险按座位投保50万元：3460元+500000元×0.9%+160000元×0.15%+3460元×20%+30000元×1.2%+160000元×0.4%+160000元×1.0%=11492元

车上责任险按核定座位数投保50万元：3460元+500000元×0.5%+160000元×0.15%+3460元×20%+30000元×1.2%+160000元×0.4%+160000元×1.0%=9492元。

省钱指数：	★★★★★
实用指数：	★★★★★

车险选购渠道大比拼

在车险市场越来越透明化的今天，保险公司、中介、4S店等各种投保渠道纷纷施展"王婆卖瓜"的本事，各自宣传各自的优势，车险价格连连降低，多个渠道的服务靠各自的特色相继"争宠"，让车主们难以抉择。不同投保渠道有什么利弊？不同状况的车主又适合选择什么样的投保渠道呢？其实，除了险种以外，选择一个适合自己的投保渠道十分重要。在此，我们为大家分析一下车险不同投保渠道的特点，精明的消费者应拥有一双"火眼金睛"来选择最适合自己的投保方式。

1 最便捷的投保方式——电话投保或网络投保

车险专家向车主们推荐了电话投保和网络投保2种投保途径。专家表示，电话和网络投保最重要的特点就是方便、便宜，性价比高。一方面，直接和保险公司沟通，可以省却中介和4S店销售可能产生的营销误导；另一方面，还可以在保费7折的基础上，进一步再享受最高15%的保费优惠。而网络投保在平安保险可以享受同样的优惠折扣，增加了客户的选择自主性。

中国人保财险专家同样推荐电话保险。他介绍：从便利性上，电话保险具有极大优势，只要一个电话，就会有保险公司专业人员上门收取保险材料，递送保单。投保人无需忍受营业厅的等候之苦，而且有充分的自主选择权。但是，电话投保由于没有直接和保险公司的保险经理沟通，为诈骗提供了可能。采用电话投保方式，一定要警惕“山寨电话”。投保人最好从保险公司官方网站索取电话号码。目前保险公司公布的电话投保电话一般为400开头，比如人保公司为400-819-5518，平安公司为400-800-0000等。

② 最适合新司机的投保方式——4S店投保

新司机面临的一个实际问题是，对车辆保险缺乏了解。这个时候，4S店的一站式服务就相当具有吸引力。在4S店购车享受“一条龙服务”已不足为奇，不少车主为避免麻烦，新车上牌、汽车保险都交付4S店“搞掂”。

③ 最便宜的投保方式——中介投保

保险中介通过组团、内部价等方式，可以为客户提供更加便宜的保费。保费价格具有很大谈判空间，而且可以上门办理业务。对于投保人普遍担心的诈骗问题，专家表示，可以让车主当面验证保单真实后，再进行付款。虽然中介投保便宜而且方便，但是采用此方式投保一定要谨慎防范诈骗风险，务必在付款前确认保单真伪，以免损失了钱财，又影响了心情。

④ 最放心的投保方式——营业厅投保

宋女士近期为新买的赛欧轿车投保，由于怕被骗，宋女士亲自跑到营业厅柜台办理。但是由于事前咨询不充分，忘带了必要证件，宋女士在大雨中不得不又跑了第二趟。虽然在保险公司营业厅投保是最安全的，但是一方面可能需要长时间等候；另一方面可能像宋女士一样，因为缺资料而来回奔波。如果想去营业厅投保，最好还是先咨询清楚，毕竟你的电话费比打车费要便宜。

省钱指数：	★★★★★
实用指数：	★★★★★

汽车投保，巧避误区

如今给私家车上保险已成为共识。但是，仍有些车主在投保中由于保险意识淡薄，操作方法不当，影响到日后的保险权益。在此，保险专家提醒，消费者在投保车险时，应仔细阅读车险条款和相关规定，避免以下几个误区：

1 不足额投保

对于汽车保额的确定，明智的选择是足额投保，也就是说车辆实际价值多少就保多少，一旦出现造成全车损毁的事故可以得到足额赔付。但有的人为省些保费，不足额投保。说得通俗点就是一辆价值20万元的汽车，保险公司已将情况说清楚，自己仍坚持只保10万元保额。如此做法可能省了点保费，万一发生事故造成车辆损毁，肯定得不到足额赔付，因为当初你只保了全车一半价值的财产。

2 超额投保

与不足额投保相反，有的人手中明明是一辆低档车，市场新购买价低于6万元，却偏偏要超额投保，非把保额定在12万元，认为多花点钱就可以在车辆出事时"高额索赔"，实际上这是一厢情愿。保险条款规定；在给出险车辆定损时必须严格按照汽车出险时的实际损失确定。换句话说，这辆车价值只有6万元，最高赔付也只能是6万元，不能背离投保财产的实际价值。

3 重复投保

有人以为汽车保险如同人寿保险一样多保几份就能多得到赔款，这种观点显然错误的。财产保险标的是财产，保险金额准确科学，投保财产的价值多少就是多少，没有随意增减的余地。不妨举例说明：一辆进口轿车价值40万元，你已在一家保险公司足额投保了40万元的保险金额，那么这辆车即使完全损毁，最高赔付也不能超过40万元。在另一家保险公司同时多投保一份保险没有任何实际意义。

4 险种没保全

保险专家说，汽车保险包括车辆损失险、第三者责任险和全车盗抢险等三类主险，还有划痕险、车上责任险、车辆停驶险、不计免赔险、无过失责任险、自燃损失险、玻璃单独破碎险等一批附加险种，各险种承担的责任范围不可替代。因此，消费者在选择车险险种时应该考虑周全，既不能为了省钱少保，也不能不加分析多投保。

5 存侥幸心理，不按时续保

汽车保险的保险期限普遍为一年。在投保后的一年中如果发生保险事故可以到保险公司索赔；假若没发生保险事故等于花钱保平安，第二年在原保险公司续保时能享受安全无事故的投保优待。有的人却由此放松了警惕，认为既然"入保没出事，又何必急着续保"，因而保险到期后迟迟不续保。在脱保这一段时间内若发生事故，尽管过去一直入保，依照保险条款规定仍然不能赔偿。

除此之外，有的人投保不去正规的保险机构或有资质的保险经纪公司办理，而是听信传言，找"能人"，走弯路，最后却上当吃亏。有的人投保时只管交钱，从不研究保险条款内容，对理应履行的义务、享受的权益、索赔须知等一无所知，对《保险法》明文规定的需要向保险公司如实告知的情况也有意隐瞒，必然给日后的索赔带来麻烦。

省钱指数：	★★★★
实用指数：	★★★★★

汽车投保精打细算

当前，许多保险公司都把车险费率调低。面对熙熙攘攘的车险商大优惠行动，广大车主如何来为爱车投保？除了价格上的实惠，大家如何去拥有一份货真价实、能够解决问题的汽车保险呢？

1 抛弃“全险”概念

很多车主认为只要给自己的车上个全险就没有什么后顾之忧了，专家建议车主千万别有全险的概念。各个保险公司的车险险种都是自己定的，所以每个保险公司所谓的“全险”都不一样，很有可能你的车最需要的险种在某一家保险公司的车险险种中根本找不到。所以车主在投保之前要想好你的车具体需要什么样的险种。例如，你的车是不到一年的新车，你就没必要去买自燃险，因为自燃是由车子电路老化引起。新车发生自燃的可能微乎其微，上了自燃险基本上属于白花钱。对新车来说，盗抢险一定要上，以防万一。如果你经常把车停放在小区，车损险也是不可缺少的，万一哪位邻居别出心裁从楼上往下扔个东西，在车顶砸个窟窿也不是没可能。

另外，如果你的车经常要在高速公路上奔跑，上玻璃险也是必要的，新车特别是高档豪华车一两块窗玻璃也值不少钱。如果是新手，可能发生追尾事故，估计免赔险就不可少。

所以车主在投保时不要有全险的概念，根据自己实际的情况正确选择险种，这样在保证车险质量的情况下还能省下一大笔。

2 吃透保险条款

虽然保险合同晦涩难懂，但为了那掏出去的保费还是要静下心来认真阅读。通过保险合同，车主要弄明白3个问题，保什么、不保什么和怎么保。三者反映在保险条款中就是保险责任、责任免除和赔偿处理。

有些保险公司在自燃险免赔条款中明确规定不明原因的自燃不赔，只有因电路老化引起的自燃才给予赔付。所以车子发生自燃，还要有消防队开出的火灾原因证明。

3 打探服务质量

了解清楚保险公司的具体保险内容，下一步就得打探保险公司的服务质量了。服务质量的好坏决定了一份车险性价比的高低。具体表现在咨询电话的接通率，车主致电咨询能不能得到明确的答复，车辆出险后保险公司能不能安排及时查勘上。

有保险公司的保险条款中规定：车辆出险后车主须在48小时内通知承保人，并且在公安交通管理部门对交通事故处理结案之日起10天内向保险公司提交。如果车主在投保之前没有打探清楚这些要求，延误报案和提交材料的时间，双方的争执就在所难免。另外，要解保险公司能不能提供直赔服务，所谓的直赔服务就是车辆出险后，理赔、核赔和领取赔款都由修理公司代替，车主只需将车开到修理公司维修便可以了。

省钱指数：	★★★★★
实用指数：	★★★★★

注意审核代理人真伪

当你购买车辆时，第一次往往由销售商代理投保，第二次就要自己办理了。在你投保时，一定要选择国家批准的保险公司所属机构投保，有人想图省事，随便找一家保险代理机构投保；还有人被所谓的“高利返还”所引诱，结果遇到了诈骗犯，上了“假代理人”的当，车辆出事故时，保单无效。

很多的私家车车主在保单即将到期的时候，会不断接到业务员要求代办车险的电话。除了手机，办公室电话、家庭电话都闲不住，曾有个车主来信反映，说平均每天要接十七八个。实际上，一辆车从交款购买到领取牌照，每个环节都要留下车主的真实资料和联系方式。同时，各个保险公司都建有自己的客户档案库，根据各公司的实际情况设定访问权限。但是，如果一家公司内部保密手段不健全，就会泄露用户的资料，被不法之徒钻空子。不过即使是专业的保险代理商，也有个别保险营销员会出问题，常见问题之一就是“埋单”。所谓“埋单”，就是有些保险营销员没有将保费及时上交保险公司，在汽车一年不出险的情况下，保费即落入营销员的个人腰包。遇到“埋单”时，用户一旦出险，保险公司就无法找到该车的保险档案，影响消费者索赔。因此，车主在投保时应尽可能多了解保险内容，亲自签约并在投保后向保险公司核实保险情况。投保一定要在经过中国保监会批准或经过当地保监办备案并颁发有《经营许可证》的专业代理公司，兼业保险代理机构或持有《保险代理人作业证书》的个人保险代理人处购买保险，千万不要因为蝇头小利上当受骗。

此外，遇到上门推销车辆保险的，一定要核实身份，要求推销员出示证明，打电话与该公司核实。如果你曾经在某个保险公司投保并理赔，觉得他们的服务可以接受，最好长期接受他们的服务。这样，一是可以避免诈骗，二是可以在无赔款续保时获取10%的优惠。

省钱指数：	★★★★★
实用指数：	★★★★★

认真审阅保险单证

自2000年4月1日起，全国统一使用中国保监会统一监制的保险单证，原有各保险公司印制的同类空白单证自2000年5月1日起停止使用。当你接到保险单证时，一定要认真核对。犯罪分子大多利用消费者对机动车车辆保险单证真伪辨别能力较差、贪图便宜省事等弱点，以极低的价格诱惑消费者上当受骗。所以不要轻信在汽车交易市场游说投保的不明身份的保险代理人，以免上当受骗。即使办保险的人佩带有交易市场的工作牌，也需认真核实，防止遇到"假保单"。真保单上方有保险公司流水号和代理机构保单号码，如在汽车交易市场投保，保单上一般都应有市场保险部的专用章和电话，投保者可到市场保险部门鉴定和咨询。其实机动车车辆保险单证均由中国保险监督管理委员会统一监制，保单文本的印刷包含许多较为先进的防伪技术，消费者通常可以通过4个方面来判断保单的真伪：

1 看微缩文字

在机动车保险单（正、副本）标题下，印有一行以大写字母"CIRC"组成的微缩文字线，通过放大镜可以清楚看到。假保单一般为一条黑色直线，有的甚至没有。

2 看浮雕底纹加光栅徽标

机动车保险单（正、副本）满版使用汽车图案（货车、小汽车两种）的浮雕底纹。保单中央用各公司的CI徽标或字母简称做光栅徽标。如中国人民保险公司使用"PICC"，中国太平洋保险股份有限公司使用"CPIC"，中国平安保险股份有限公司使用"PINGAN"，华泰财产保险股份有限公司使用"HUATAI"等等。

3 看荧光防伪标志

在机动车车辆保险单(正本)的左上角,用红色荧光防伪墨印有“中国保险监督管理委员会监制”字样,右上角用红色荧光防伪墨印有所在地标志,如“限在北京市销售”字样,保单流水号前的“京”字同样使用红色荧光防伪墨印刷。上述文字在普通光线下呈大红色,紫外线灯下发红光。

4 看印刷厂标志

在机动车车辆保险单各联左侧中央位置均印有“北京印钞厂证券分厂印制(2000)”字样。

在此提醒广大消费者,对于保险单上的条款,一定要仔细阅读。尽管单据可能是统一印刷的,但其条款中被“打钩”的和被“划掉”的部分,应该认真核对,以防出错。若对保单的真伪怀有疑问,可拨打各保险公司服务咨询电话进行咨询。如发现制造、出售假保单等不法行为,请及时向公安部门举报。同时应查验保险合同填写是否规范,有无未写清楚的事宜,特别是保费和保险金额是否符合实际。例如,车辆盗抢险生效的一个重要前提是:车辆必须领取了正式牌照。而在实际操作中由于新购置的车辆办理上牌手续往往需要一定的时间,因此一般来说保险公司大多是采用在保单中的特别约定栏加以约定“上牌7天之内被保险人必须到保险公司办理批改手续,盗抢险批改后方可生效”。部分客户由于忽视了该条款,一旦发生车辆盗抢,按照条款和上述特别约定,便不具备获得赔偿的前提条件。付了盗抢险的保费,却得不到赔偿,只能怨你自己没有认真核对条款。

省钱指数:	★★★★★
实用指数:	★★★★★

新车这样投保最划算

新买的车都需要做些投保,以使自己的爱车在发生问题时能得到最合理的保证。但是,不少车主在为自己的爱车选择保险时往往一头雾水。面对名目繁多的险种、保费不同的保险公司,究竟应该如何投保最划算呢?

1 摸清市场价格

车损险保额一般是根据新车购置时的价格确定的，而新车的市场价格目前呈逐年递减的趋势，所以，在每年投保的时候查询一下你所驾驶车型的市场价格，并根据当前市场价格进行投保，这样就可以节省一部分保费。

2 上浮第三者责任险的档次

第三者责任险的限额一共有6个档次，尽管相应保费的差距不大，但不同档次的赔偿限额却有很大差距。因此，如果需求在两档保额之间的话，应尽量上浮一个档次投保。要知道：如果你同时投保车损险和第三者责任险的话，第三者责任险的保费可以优惠。

3 避免重复投保

如果车上一般乘坐的都是你的家人，且他们都已经投保过人寿保险中的意外伤害保险和意外医疗保险，那么作为私人轿车，你就没有必要再投保车上责任保险了。如果家人没有投保意外和意外医疗保险，那么你最好还是选择投保意外保险，因为这样不仅所需缴纳的保费远远低于车上责任保险，还可保障交通事故以外发生的其他意外事故所造成的损失。

4 进口车或国内组装车可选择国产玻璃投保

如果你购买的爱车是进口的或国内组装的，在进行玻璃投保时可以考虑选择国产玻璃。因为国内汽车玻璃质优价廉，完全可以和国外相媲美，这样，你将节省约一半的保险费。

5 选择不计免赔特约险

在车辆损失险和第三者责任险中，保险公司都会按照你在事故中的责任，只赔偿你实际损失的80%，这可能使你将来在实际获得赔偿方面产生比较大的损失。而通过投保不计免赔特约险，在这2个险种上你就可以得到你所应该承担损失的100%赔偿。

6 细心选择保险公司

在确定了应该选择的险种以及可以获得的优惠以后，在购买车险的过程中应该如何选择保险公司，购买过程中还应该注意哪些问题呢？业内人士建议，如果你的车是新车，而且车价相对较高，可选择大公司的车险。因为越高档的车，修理费用也相应越高，一旦出现事故，可能承受的经济压力也就越大，而大公司的赔付额度相对会高一些，定点维修厂的级别也比较高。但从支付的保费来看，一般而言，相同的车型和险种，大公司的保费要比小公司高。如果你的车是旧车或者车价不高，修理费用也不会太高昂，若你的驾驶技术又比较成熟，则选择小公司比较划算。

另外，专家提醒投保人，如果你的车经常出外跑长途，那么应该尽量选择像人保、平安这样比较大的保险公司来投保，因为这样的保险公司在全国各地都有分公司，遇到麻烦可即时在当地办理定损、理赔等事宜。此外，车主投保车险不能只重价格，应该结合自己用车的实际情况来决定，比如是否经常跑长途、是否指定专人驾驶等，综合出险时所需要的服务等。

省钱指数：	★★★★★
实用指数：	★★★★

旧车投保三注意

旧车上保险，比新车要复杂，原因是旧车交易的手续比较繁琐。旧车上保险应该注意以下几点：

1 购买旧车必须重新登记保险

有人认为，自己购买的旧车保险还没有到期，如果出了事故，保险公司会照样赔偿，实际上不是这样的。在保险合同有效期内，保险车辆转卖、转让、赠送他人、变更用途或增加危险程度，被保险人应当事先书面通知保险人并申请办理批改。

据调查，二手车购买者很容易忽略车辆本身之外应该同时过户的各种附加商品，保险也是其中之一。原保险合同在该车辆被售出时自行终止，新车主又未另行保险，于是就出现了许多“保险盲点车”。因此，购二手车的同时切勿遗忘重新到保险公司登记车辆保险。

2 旧车的保险金额怎样确定？

在此讲一个典型的案例，黄小姐买了一辆二手丰田轿车，在为该车购买保险时，保险公司建议：车辆损失险应按照新车购置价确定保险金额，全车盗抢险按照目前该车的实际价值确定保险金额，二者之间金额相差近一倍，为什么会有这种差别呢？

这是因为按照保险中的损失补偿原则，在投保财产损失险时，要根据保险标的价值确定保险金额。保险金额是保险人的责任限额，即被保险人获得保险赔偿的最高数额，也是保险人收取保费的依据。根据《保险法》第三十九条的规定，保险金额超过保险价值的，属于超额投保，超过的部分无效；保险金额低于保险价值的，属于不足额投保，除保险合同另有约定外，保险人按照保险金额与保险价值的比例承担赔偿责任。

此外，按照《机动车辆保险条款》的规定，车辆损失险和全车盗抢险保险金额的确定方式及其保障结果有所不同。车辆损失险的保险金额可以按新车购置价确定，也可以按投保时车辆的实际价值确定，或者经协商确定。在车辆发生全部损失的保险事故时，保险金额高于实际价值的，以出险当时的实际价值计算赔偿数额；保险额等于或低于实际价值的，按保险金额计算赔偿数额。在车辆发生部分损失的保险事故时，以新车购置价确定保险金额的，按实际修理及必要、合理的施救费用计算赔偿金；保险金额低于新车购置价的，按保险金额与新车购置价的比例计算赔偿金。投保车辆损失险，无论新车还是旧车，受损后进行修理都要更换新零件，修理费用是一样的。因此保险公司以新车购置价作为足额保险金额，车辆发生部分损失时，按实际修理和施救费用计算赔偿。若按车辆实际价值确定保险金额，旧车的保费明显低于新车，视为不足额投保，在车辆发生部分损失时，保险赔偿按实际费用乘以保险金额与新车购置价的比例来进行计算。但在发生车辆全损事故时，即使旧车以新车购置价投保，保险赔偿也不会超过车辆出险时的实际价值。全车盗抢险的保险金额应在保险车辆的实际价值内确定。新车和旧车的保险金额不同，缴纳的保费不同，出险后所得到的赔偿也不同。

3 旧车保险最好与过户手续一同完成

刘先生从同学处购得一辆二手桑塔纳，向人保财产保险公司某区A公司投保了车辆险，保险金额为人民币11万元，保险期限一年。由于是二手车，尚未办理好过户，保险公司在保险单正本“特别约定”一栏中标示了如下内容：“办好购置税后5个工作日内通知保险公司，逾期保险公司将不承担保险责任”，并加盖了公章，但刘先生在办好购置税后并没有通知保险公司。该车在保险期限内发生保险事故，损失金额为人民币6万元，刘先生凭保险单向A公司索赔。A公司认为，刘先生没有履行“特别约定”，进而拒绝赔偿。刘先生则以投保单上并没有“特别约定”的内容，也没有投保人的签字，该条款不具备法律效力为由向A公司所在地人民法院提起诉讼。法院经审理认定合同有效，“特别约定”有效，刘先生未履行约定义务，A公司不承担赔偿责任。

可见，旧车保险最好与过户手续一同完成，以免留下隐患。

省钱指数：	★★★★
实用指数：	★★★★★

新手、老手投保有别

新手、老手的投保方式不同，可根据实际情况，选择适合的投保形式。

1 新手开新车的投保方式

驾驶属于自己的新车四处兜风，当然是愉快而惬意的，但千万别忘记了自己的驾驶生涯刚刚开始，除了谨慎驾驶外，更重要的是给你的爱车一份全面的保险。除新车发生自燃的可能性较小，可以不予投保外，其他险种是新手开新车所必须考虑投保的内容，尤其是“第三者责任险”最好投保较高的赔偿限额。

建议的投保险种有：车辆损失险、第三者责任险、全车盗抢险、不计免赔特约险、车上责任险、玻璃单独破碎险、新增加设备损失险、无过失责任险。

2 新手开旧车的投保方式

“开辆老车练手艺，即使有点擦剐也不心疼。”这种想法虽说有一定道理，但车祸猛于虎，安全意识可别因开老车而松懈，投保时还是要尽量保足保全，由于小偷很少光顾老旧车辆，“盗抢险”就不推荐了；老车的玻璃上就算裂条缝，只要不影响驾驶，将就一下也可以，因此“玻璃单独破碎险”也可以不保；至于旧车上的设备，即使有额外增加的设备可能也是陈旧不堪，新增加设备损失险投保的必要性不大。而正是由于车辆陈旧，因此自燃的可能性增大，投保“自燃损失险”是你最好的选择。

建议投保险种：车辆损失险、第三者责任险、自燃损失险、不计免赔特约险、车上责任险、无过失责任险。

3 老手开新车的投保方式

车辆是否被盗不取决于驾驶技能，而在于窃贼是否对你的爱车感兴趣，而崭新的靓车当然会吸引窃贼的注意力，所以投保盗抢险时千万别犹豫。对新车，你肯定爱护有加，玻璃上发现有裂纹，当然不能忍受到第二天，如果投保了“玻璃单独破碎险”，更换玻璃将是一件轻松的事，只需将车开到保险公司特约的玻璃商行直接更换即可，其他的事都不需费心。由于有熟练的驾驶技能，出险概率降低，可以不投保“无过失责任险”，但“不计免赔特约险”还是建议投保，以提高保障程度。

建议投保险种：车辆损失险、第三者责任险、全车盗抢险、玻璃单独破碎险、新增加设备损失险、不计免赔特约险、车上责任险。

4 老手开旧车的投保方式

随着爱车的不断变旧，你的驾驶技能也逐渐老道，这时为爱车投保时只需选择最重要的险种投保就可以了。“交强险”是政府规定的强制性险种，不上不行。虽然是有点擦刮也不心疼的老车，但碰撞后的修理是逃不掉的，因此应继续投保“车辆损失险”，这样可以减少许多烦恼事。老车的油路、电路系统恐怕都有些不太可靠，投保“自燃损失险”，也是比较明智的选择。最后，车与人相比，当然人更重要，因此投保“车上人员责任险”还是必不可少的。

建议投保险种:车辆损失险、第三者责任险、自燃损失险、车上责任险。

省钱指数:	★★★★★
实用指数:	★★★★★

车保索赔程序该清楚

如果汽车遇到保险问题,可根据以下几点进行索赔:

1 长报赔

交通事故发生后,应保护好现场,并及时向保险公司报案,若是路面事故还要同时报请交通部门进行处理,非路面交通事故(如车辆因驾驶原因撞到树上或墙上),应由安委会出具证明材料。

2 核定

保险公司在接到报案后,会派人到现场进行查勘或到交通部门了解出险的有关情况,同时对车辆进行定损,并对修理费用进行估算,同时会通知车主到保险公司指定的修理厂修理事故车辆。若车主要求自行修理,应办理自修手续,修理费用如果超出定损费用,超出部分应由车主自行支付。

第三者责任的索赔应由保险公司对赔偿金额依法进行确定,并依据投保的金额予以赔付。对于保户与第三者私下谈定的赔偿金额,不在保险公司的赔付范围之内。

3 赔付规定

全部损失:保险车辆发生全部损失后,在保险金额等于或低于出险当时的实际价值时,将按保险金额进行赔偿;在保险金额高于出险当时的实际价值时,将按出险时的实际价值进行赔偿。

部分损失：保险车辆若是局部受损，其保险金额达到承保时的实际价值时，无论保险金额是否低于出险时的实际价值，发生部分损失均按照实际修理费用进行赔偿；保险车辆的保险金额低于承保时的实际价值时，则按照保险金额与出险时的实际价值比例赔偿修理费用。保险车辆损失最高赔偿额以保险金额为限。

所以说，并不是出了事故，保险公司就会全部赔偿，事故中的责任大小与被保险人所得到的赔偿金额是相关联的。但是，如果你投保了不计免赔险，那么在任何情况下都可享受100%的赔偿。

4 赔付时间

在车辆修复或自交通事故处理结案之日起3个月内，保户应持保险单、事故处理证明、事故调解书、修理清单及其他有关证件和材料到保险公司领取赔偿金。保险公司一般在10天以内支付赔款。另外，赔款须在一年内领取，否则将视为放弃。

5 争议

如与保险公司发生争议而不能达成协议时，可向经济合同仲裁机关申请仲裁，或向人民法院提起诉讼。

省钱指数：	★★★★
实用指数：	★★★★

车险“不赔”，小心“应对”

买了车的人第一件事情就是给自己的爱车买保险。毕竟，汽车怎么说也是一个奢侈品，有个小差池，就是一笔不小的费用，所以汽车保险成了很多车主的救命药。不过，在这里提醒车主，即使是上了所谓的全险，很多情况下保险公司也是不赔的。这就需要车主们多多注意，小心“应对”了。下面，就教你几招最常见的应对保险公司“不赔”的方法。

1 报案一定要及时

经典案例:潘先生到外地出差前,车不幸丢失,但因为时间紧急,所以就先去出差。出差的过程非常繁忙,忘记向保险公司报案。回来后先自己寻找,没有找到车子后。向保险公司索赔被拒。理由是:未在规定的时间内向保险公司报案,也未向当地公安机关报案。

专家点评:机动车辆保险条款基本险第28条、第30条和附加险全车盗抢险条款第4条规定,被保险人在保险车辆发生保险事故后应向事故发生地交警部门报案,同时一定要在48小时内报案,否则有可能直接被拒赔。

小心应对:车主出险后有及时向保险公司报案的义务。切记“48小时内向保险公司报案”,虽然是一个义务,却是确保你出险后能获得现赔的法则。

2 一定要年检

经典案例:陈小姐2009年12月底买了辆车,2010年底,结婚、换工作,一系列的事情忙得陈小姐晕头转向。忙完之后突然发现自己的车丢了,窃喜上了全险之余,陈小姐向保险公司打电话报案,得到的答复却是:不赔!原因是陈小姐忘记给自己的爱车年检。

专家点评:在保险合同中有规定:保险只对合格车辆生效,对于未年检的车辆只能视为不合格车辆。陈小姐的车辆自然是属于不合格车辆。

小心应对:驾驶员的车本未年检就是被保险公司拒赔最多的情况,因此,车主千万要切记按时年检,切不可后延,免得索赔时麻烦,罚款事小,被拒赔事大,尤其是万一车辆丢失,那可是几年的薪水呀。而且,如果交通事故造成了第三者损失,费用也将由你自己承担,保险就白买了。

3 千万别撞自家人

经典案例:电视、收音机中播放最多的是这样一个案例——几年前,谢女士开着自家的吉普车在自家门口撞倒了自己的丈夫。丈夫受伤很重,花了好几万元。谢女士想这辆车上了第三者责任险,到保险公司索赔,结果遭到拒赔。

专家点评:第三者责任险中的第三者通俗地讲,就是排除4种人:即保险人、被保险人、本车发生事故时的驾驶员及其家庭成员、被保险人的家庭成员。

小心应对:新交通法中以人为本,所以千万别和人过不去,当然尤其是自家人。

4 不要当"好人"

经典案例:2010年5月的一个凌晨,吴军开车不幸和人相撞,是对方全责,不是吴军的责任,但是对方就是一个农用车,而且车主经济困难。吴军本不想跟对方纠缠,于是没有追究农用车责任,自己回保险公司理赔,可是保险公司拒绝了。

专家点评:在不幸出险后,被保险人必须先向第三方索赔,才有可能获得保险公司的赔偿。《保险法》规定:"必须有责任认定",保险公司才能赔付。即使被保险人有一定过错,也必须先向第三方索赔,才有可能获得保险公司的赔偿。一旦放弃了向第三方追偿的权利,也就放弃了向保险公司要求赔偿的权利。

小心应对:一旦出险且责任在对方,一定要先找对方赔,未果(最好是有法庭的强制执行未果的证明),才可以理直气壮地找保险公司赔偿。同时强调,双方事故一定要经过交警,多数情况下,保险公司只看交警的裁决单。

5 一定要停车费收据

经典案例：周亮在2010年买了一辆新车，每天都停在小区的收费停车场里，每年要交1200多元的停车费。8月的一天，周亮发现自己的车被盗，因为是全险，向保险公司索赔，得到的答案却是：拒赔。

专家点评：按照保险公司的规定，凡是车辆在收费停车场或营业性修理厂中被盗，保险公司一概不负责赔偿。因为上述场所对车辆有保管的责任，在保管期间，因保管人保管不善造成车辆损毁、丢失的，保管人应承担责任，保险公司不负责赔偿。因此，无论是车丢了，还是被划了，保险公司一概不管。

小心应对：正确的方法是找到停车场去索赔。因此驾驶员一定要记得收好每天的停车费，或者其他的缴费单据，以便出事之后，找到停车场索赔。

省钱指数：	★★★★
实用指数：	★★★★★

夏日五事故，小心不“买单”

夏天天气炎热，汽车很容易出问题。但是，并不是所有的问题保险公司都能报销。以下就讲几种保险公司在夏季不予理赔的情况，借此建议车友们在夏季尽量照顾好自己的爱车，避免额外的花销。

1 机动车自燃

从一些机动车自燃的理赔案例中我们发现，大部分出险车辆是比较旧的汽车，油路年久待修，而且还有很多的事故是由于车主擅自改造线路造成的。在盛夏之时，停滞在太阳下的汽车较多，长时间暴晒导致温度升高而发生自燃，由此引起的车辆自燃，是不在车辆损失险理赔范围的，除非车主购买了“自燃附加险”。

专家建议：夏日应尽量把汽车停靠在树荫下或者阴凉地，在车内也不要放置打火机、劣质香水、发胶等易燃易爆品。

2 行驶中爆胎

据了解，夏季地表温度较高，一部分车主为了避免爆胎的威胁，将车胎的胎压降低，过低的胎压致使轮胎容易变形，再加上一些轮胎老化以及质量上的问题才导致了爆胎的发生，由此引发的交通意外也威胁了驾驶者的安全。需要注意的是：对于轮胎爆裂引发的轮胎本身的损失，保险公司是不予赔偿的，但是，由轮胎爆裂引发的交通事故，给车辆造成的损失，则由保险公司买单。

专家建议：夏季时要到专业的维修点调整胎压力，不能太高，也不能太低，而且要定期检修。

3 发动机进水

在车险中对于发动机的保障有一款专有附加保险，即“发动机特别损失险”，如果没有投保该险种，那么对于发动机进水而导致的损失，保险公司是不予理赔的。但是在遇到暴雨时车辆发生碰撞等事故造成车辆的损失，保险公司是要赔付的。

专家建议：夏天是暴雨的多发期，路面容易积水，因为不知道水有多深，很容易误入其中，造成发动机进水，还有些车主在行驶过程中熄火。这种情况下，不要再次打开发动机，如果积水太深要尽量把汽车推出水面，或者等积水退去后再启动。

4 车身自然老化

夏天，经过暴晒和雨淋很容易造成车身划痕部位的底漆剥落或者锈蚀，保险专家表示，对于这种情况造成的汽车表面损失保险公司叫做自然损失，不予理赔。

专家建议:一定要及时修补车身的划痕,及时找保险公司报案。

5 危险品爆炸

对于车内存放的危险物品发生爆炸造成的损失,保险公司是不予赔偿的。因此,平时尤其是夏季千万不要在车内放置高压杀蚊药、碳酸饮料、香水、发胶等,因为这些物品在高温的炙烤下,很可能会成为“炸弹”,下车时一定要随身带走易燃易爆物品。

省钱指数:	★★★★
实用指数:	★★★★★

电话售车险,选购需谨慎

近日,上海车主张先生的车险快到期了,他不断接到推销车险的电话,说买他们的车险不仅可以享受15%以上的优惠,还可以赠送洗车卡、加油卡以及救援服务等。这些陌生电话推销的车险来自不同保险公司,报价也相差很大,这样的车险可以购买吗?

1 陌生电话推销车险要当心

近年来,电话车险越来越火爆,各大保险公司都推出了自己的电话车险业务,由于“电话车险”省去了中间环节,采用电话直销模式,大大降低了中间成本,在这种模式下,私家车主购买商业车险除了可以得到7折优惠外,还能再获得10%~15%的让利,极具吸引力,自然得到越来越多消费者的认可。

然而,一些没有电话直销车险资格的小中介公司和代理人,为了抢得更大的市场份额,只要看到谁的车险快到期了,就以“电话车险”的名义向车主推销保险。各家保险公司为了车险的规模和份额,早已杀红了眼:你那边“电话车险”以15%优惠让利,我这边中介返还手续费,加油卡、购物卡、充值卡大派送。这找上门来的“电话车险”,虽然看起来也有很多的优惠,但并不是真正意义上的“电话车险”。而且这些电话通常以预约的模式，要求与车主面对面洽谈，一般情况下不会在电话中直接报价，即使有直接报价的，其价格弹性也较大，例如报价3000元的话，讨价还价之后可能只有2000多元，车主不清楚价格中的水分到底有多大，很容易上当受骗。

2 识别电话号码可辨真伪

都是电话销售车险，车主如何区分谁是李逵谁是李鬼呢？方法其实很简单。

电话销售车险，其实就是电话直销车险，二者本质上是一样的。车主不要信以为真，更不要因自己的资料被人掌握就轻信对方。如果打来的电话是手机号码或固定电话号码，基本就可以判定这是“李鬼”了。因为对于取得电话直销车险资格的保险公司，保监会明确规定了“电话车险”的运营模式，为严防骚扰事件发生，电话营销业务以电话为主要沟通手段，而且需要车主主动呼入。此外，保险公司通过媒体长期公开专用电话营销号码，如“400”开头的10位数号码，车主可通过拨打专用号码进行咨询和投保，在电话中完成咨询、报价、保单条件确认等主要项目后，保险公司会安排人员上门送单、当场签订，而中介机构是没有电话车险经营资质的。因此，通过识别电话号码可明确其是否属于“电话车险”。

省钱指数：	★★★★
实用指数：	★★★★

车险藏“猫腻”，车主需当心

车险费率市场化以来，各家保险公司为了争夺客户，陆续推出个性化车险，有的采用了一些“特殊”手段，使得本应“保险”的车险市场陷阱日益增多。笔者收集了以下七大陷阱，以作警示。

1 力推“全险”概念

现在，很多保险公司，为了“放大”自己公司车险险种的保障能力，吸引客户，往往在车险中属于不重要的方面，给予全额保障，也就是所谓的“全额保险”。从概念上来说，全额保险，肯定就会吸引多数车险投保者的眼球。如果是第一次购入车险者，就很容易被保险公司“忽悠”进去，看中这一“利好”保险，大掏腰包买下来。这样一来，虽说车险投保人买了保险，却实际上买的是一种基本没用的保险，白掏了腰包。

② 保单以假乱真

一些“假代理”使用的保单和发票乍看起来，与正规保险公司无异。因此，在拿到保险单证时要认真核对，看看单证第三联是否采用了白色无碳复写纸印制，并加印浅褐色防伪底纹，其左上角是否印有“中国保险监督管理委员会监制”字样，右上角是否印有“限在××省(市、自治区)销售”字样。如果没有，应拒绝签字。

③ “多保多赔”诱饵钓人

保险并不是保得多就会赔得多，但是有一些车险代理者在代理推销车险业务时，往往会抛出“保得多就会赔得多”的诱饵，来误导车险投保者。本来，这个险种投保200元就够了，但由于保险代理者的任意“夸大”，让投保人投入500元的保险。这样一来，保险代理者是从中赚取到了更多的“昧心”代理费，但让投保人遭了殃，超额投保不但得不到实惠还浪费了钱财。其实，在实际生活中，任何一家保险公司在索赔时，都是完全根据汽车所出险情大小的实际情况进行索赔的，并不是代理者所说的“保得多就会赔得多”，这只是他们想赚更多代理费的一个幌子罢了。

④ 代理人员“扣单”

投保时要选择国家批准的保险公司所属机构投保，而不能随便找一家保险代理机构投保。一些保险代理人或“假代理”在拉到保单后，并不直接交给保险公司，而是“伺机而动”。如果车主不出险，保费就自己扣下了。如果车主出了险，轻险自己掏钱赔付了事；大险则想方设法骗公司，甚至一走了之。

⑤ “搭配”销售巧妙获利

一些保险公司为了让自己的公司获取更大的利益，本来可以单独出售的车险，却有意与某些险种捆绑销售，只是将价格稍稍降低一些，客户往往就会动心。比如保险公司把车辆险中的责任险、防盗险和车损险等捆绑起来作为自己公司的车辆基本险来进行销售，这样一来，本来投保人不需要买捆绑销售中的某个车险险种，但由于是捆绑销售，价格相对便宜一些，投保人很容易在不太知情的情况下，糊里糊涂就买了下来。保险公司的巧妙伎俩让自己赚了钱，投保者却无端地受了害。

6 一人多职暗处牟利

近几年，很多车险投保人在进行车辆投保时会发现，为自己办理保险的人员身兼多职，他们既负责拉拢客户，同时又是定损员，并且服务态度还非常好。其实，可能你此时已经被这个保险人利用了，因为，他可能就是修理厂的合伙人，他的利益和修理厂已经捆绑为一体。表面上他是保险公司的车险定损员，暗地里却是自己定损自己修。车主若不幸通过这类人员上了车险，自己的实际利益已经受到了损害却仍还被蒙在鼓里。所以，车险投保者一定要小心这些一人身兼数职者，以防让自己成了这些人暗处牟利的“标靶”。

7 定损维修以次充好

许多投保车险的车主，在车辆出险后，定损点被定在4S店，车主一般都会觉得很放心，如果车主这样认为那就大错特错了。因为，如果定损的4S店主修的不是出险车辆的品牌，他们当然就不会储备这辆出险车辆的零配件。如此一来，该4S店就会出去采购一些非原厂生产的价格便宜、质量没保证的配件给车主的车辆装上。车虽然是修好了，但保证不了质量。因此，车主在购买车辆保险时，应选择保险公司定损点是本品牌的4S店，即使出险后在该4S店维修，也会放心维修。这样也可保证自己的车辆维修后的质量，避免不必要的麻烦。

省钱指数：	★★★★★
实用指数：	★★★★★